Saveurs de Chine

L'Art Culinaire Authentique

Mei Lin

Résumé

Poêle de poulet simple	10
Poulet à la sauce tomate	12
Poulet aux tomates cerises	13
Poulet poché aux tomates cerises	14
Poulet et tomates avec sauce aux haricots noirs	15
Poulet cuit rapidement avec des légumes	16
Poulet aux noix	17
Poulet aux noix	18
Poulet aux châtaignes d'eau	19
Poulet copieux aux châtaignes d'eau	20
Wonton au poulet	22
Ailes de poulet croustillantes	23
Ailes de poulet aux cinq épices	24
Ailes de poulet marinées	25
De vraies ailes de poulet	27
Ailes de poulet assaisonnées	29
Cuisses de poulet grillées	30
Cuisses de poulet hoisin	31
Poulet braisé	32
Poulet frit croustillant	33
Poulet entier frit	35
Poulet aux cinq épices	36
Poulet, oignons nouveaux et gingembre	38
poulet poché	39
Poulet bouilli rouge	40
Poulet assaisonné cuit rouge	41
Poulet rôti au sésame	42
Poulet à la sauce soja	43
Poulet cuit à la vapeur	45
Poulet vapeur à l'anis	46
Poulet au goût étrange	47
Morceaux de poulet croustillants	48

Poulet aux haricots verts	49
Poulet bouilli à l'ananas	50
Poulet aux poivrons et tomates	51
Poulet au sésame	52
Poulet rôti	53
Türkiye aux pois mange-tout	54
Dinde aux poivrons	56
Dinde rôtie chinoise	58
Dinde aux noix et champignons	59
Canard aux pousses de bambou	61
Canard aux germes de soja	62
Canard Braisé	63
Ragoût de canard au céleri	64
Canard au gingembre	65
Canard aux haricots verts	67
Canard frit à la vapeur	69
Canard aux fruits exotiques	70
Ragoût de canard aux feuilles de Chine	72
canard ivre	74
Canard aux cinq épices	75
Canard rôti au gingembre	76
Canard au jambon et poireaux	77
Canard rôti au miel	78
Ragoût de canard rôti	78
Canard rôti aux champignons	80
Canard aux deux champignons	82
Canard braisé aux oignons	83
Canard à la sauce à l'orange	85
Canard rôti à l'orange	86
Canard aux poires et châtaignes	87
Canard laqué	88
Canard braisé à l'ananas	91
Canard rôti à l'ananas	92
Ananas au gingembre	94
Canard à l'ananas et litchi	95
Canard au porc et châtaignes	96

Canard aux pommes de terre *97*
Canard Rouge Bouilli *99*
Canard rôti au vin de riz *100*
Canard vapeur au vin de riz *101*
Canard abondant *102*
Canard copieux aux haricots verts *103*
Canard mijoté *105*
Canard rôti *107*
Canard aux patates douces *108*
Canard aigre-doux *110*
Canard mandarin *112*
Canard aux légumes *113*
Crevettes sauce litchi *115*
Crevettes sautées à la mandarine *117*
Crevettes aux pois mange-tout *118*
Crevettes aux champignons chinois *120*
Poêlée de crevettes et petits pois *121*
Crevettes au chutney de mangue *122*
Boulettes de crevettes frites avec sauce à l'oignon *124*
Crevettes mandarines aux petits pois *125*
Crevettes de Pékin *126*
Crevettes aux poivrons *127*
Crevettes frites au porc *128*
Crevettes frites à la sauce au xérès *130*
Crevettes frites au sésame *132*
Crevettes frites dans leur carapace *133*
Crevettes molles frites *134*
tempura de crevettes *135*
caoutchouc inférieur *136*
Crevettes au tofu *138*
Crevettes aux tomates cerises *139*
Crevettes à la sauce tomate *140*
Crevettes à la sauce tomate et chili *141*
Crevettes frites à la sauce tomate *142*
Crevettes aux Légumes *144*
Crevettes aux châtaignes d'eau *145*

Wonton aux crevettes	*146*
Ormeau au poulet	*147*
Ormeau aux asperges	*148*
Ormeau aux champignons	*150*
Ormeau à la sauce d'huître	*151*
Moules à la vapeur	*152*
Moules aux germes de soja	*153*
Moules au gingembre et à l'ail	*154*
Moules frites	*155*
beignets de crabe	*156*
pouding au crabe	*157*
Chair de crabe aux feuilles de Chine	*158*
Crabe Foo Yung aux germes de soja	*159*
Crabes au gingembre	*160*
Lo Mein au crabe	*161*
Crabes frits au porc	*162*
Chair de crabe frite	*163*
Boulettes de calamars frits	*164*
Homard cantonais	*165*
Homard frit	*166*
Homard cuit à la vapeur et au jambon	*167*
Homard aux champignons	*168*
Queues de homard au porc	*169*
Homard Frit	*171*
nids de homard	*173*
Moules à la sauce aux haricots noirs	*174*
Moules au gingembre	*175*
Moules à la vapeur	*176*
Huîtres frites	*177*
Huîtres au bacon	*178*
Huîtres frites au gingembre	*179*
Huîtres à la sauce aux haricots noirs	*180*
Coquilles Saint-Jacques aux pousses de bambou	*181*
Coquilles Saint-Jacques à l'oeuf	*182*
Pétoncles au brocoli	*183*
Coquilles Saint-Jacques au gingembre	*185*

Coquilles Saint-Jacques au jambon.. *186*
Coquilles Saint-Jacques, œufs brouillés aux herbes.................. *187*
Coquilles Saint-Jacques et oignons sautés à la poêle *188*
Coquilles Saint-Jacques aux légumes... *189*
Coquilles Saint-Jacques aux poivrons.. *191*
Calamars aux germes de soja.. *192*
Calamar frit *193*
Paquets de calamars... *194*
Rouleaux de calamars frits *196*
Poêle de calamars... *198*
Calamars aux champignons séchés *199*
Calamars aux légumes.. *200*
Bœuf braisé à l'anis... *201*
Boeuf aux asperges *202*
Boeuf aux pousses de bambou *203*
Boeuf aux pousses de bambou et champignons *204*
Ragoût de bœuf chinois.. *206*
Boeuf aux germes de soja *207*
Bœuf avec brocoli *209*
Bœuf au sésame et brocoli *210*
Bœuf grillé.. *212*
boeuf cantonais *213*
Boeuf aux carottes *215*
Boeuf aux noix de cajou... *216*
Casserole de bœuf lente *217*

Poêle de poulet simple

pour 4

1 poitrine de poulet, tranchée finement
2 tranches de racine de gingembre, hachées
2 oignons nouveaux (oignons verts), hachés
15 ml/1 cuillère à soupe de fécule de maïs (amidon de maïs)
15 ml/1 cuillère à soupe de vin de riz ou de xérès sec
30 ml/2 cuillères à soupe d'eau
2,5 ml/½ cuillère à café de sel
45 ml/3 cuillères à soupe d'huile d'arachide (huile d'arachide)
100 g de pousses de bambou coupées en tranches
100 g de champignons tranchés
100 grammes de pousses de soja
15 ml/1 cuillère à soupe de sauce soja
5 ml/1 cuillère à café de sucre
120 ml / 4 fl oz / ½ tasse de bouillon de poulet

Placer le poulet dans un bol. Mélangez le gingembre, les oignons nouveaux, la fécule de maïs, le vin ou le xérès, l'eau et le sel, ajoutez le poulet et laissez reposer 1 heure. Faites chauffer la moitié de l'huile et faites revenir le poulet jusqu'à ce qu'il soit légèrement doré, puis retirez-le de la poêle. Faites chauffer le reste de l'huile et faites revenir les pousses de bambou, les champignons et les germes de soja pendant 4 minutes. Ajouter la sauce soja, le sucre et le bouillon, porter à ébullition, couvrir et laisser mijoter 5 minutes jusqu'à ce que les légumes soient juste tendres. Remettez le poulet dans la poêle, mélangez bien et réchauffez légèrement avant de servir.

Poulet à la sauce tomate

pour 4

30 ml/2 cuillères à soupe d'huile d'arachide (huile d'arachide)
5 ml/1 cuillère à café de sel
2 gousses d'ail, écrasées
450 g de poulet coupé en dés
300 ml/½ pt/1¼ tasse de bouillon de poulet
120 ml / 4 fl oz / ½ tasse de ketchup aux tomates (katsup)
15 ml/1 cuillère à soupe de fécule de maïs (amidon de maïs)
4 oignons nouveaux (oignons nouveaux), tranchés

Faites chauffer l'huile avec le sel et l'ail jusqu'à ce que l'ail soit légèrement doré. Ajouter le poulet et faire revenir légèrement jusqu'à ce qu'il soit légèrement doré. Ajouter la majeure partie du bouillon, porter à ébullition, couvrir et laisser mijoter jusqu'à ce que le poulet soit tendre, environ 15 minutes. Mélangez le reste du bouillon avec le ketchup et la fécule de maïs et mélangez dans la poêle. Laisser mijoter en remuant jusqu'à ce que la sauce épaississe et devienne claire. Si la sauce est trop liquide, laissez-la mijoter un moment jusqu'à ce qu'elle réduise. Ajouter les oignons nouveaux et laisser mijoter 2 minutes avant de servir.

Poulet aux tomates cerises

pour 4

225 g de poulet coupé en dés
15 ml/1 cuillère à soupe de fécule de maïs (amidon de maïs)
15 ml/1 cuillère à soupe de sauce soja
15 ml/1 cuillère à soupe de vin de riz ou de xérès sec
45 ml/3 cuillères à soupe d'huile d'arachide (huile d'arachide)
1 oignon, coupé en dés
60 ml/4 cuillères à soupe de bouillon de poulet
5 ml/1 cuillère à café de sel
5 ml/1 cuillère à café de sucre
2 tomates pelées et coupées en cubes

Mélangez le poulet avec la fécule de maïs, la sauce soja et le vin ou le xérès et laissez reposer 30 minutes. Faites chauffer l'huile et faites frire le poulet jusqu'à ce qu'il soit légèrement coloré. Ajouter l'oignon et faire revenir jusqu'à ce qu'il soit tendre. Ajoutez le bouillon, le sel et le sucre, portez à ébullition et remuez doucement à feu doux jusqu'à ce que le poulet soit cuit. Ajouter les tomates et remuer jusqu'à ce qu'elles soient bien chaudes.

Poulet poché aux tomates cerises

pour 4

4 portions de poulet
4 tomates pelées et coupées en quartiers
15 ml/1 cuillère à soupe de vin de riz ou de xérès sec
15 ml/1 cuillère à soupe d'huile d'arachide (huile d'arachide)
Sel-

Placer le poulet dans une casserole et couvrir à peine d'eau froide. Portez à ébullition, couvrez et laissez mijoter 20 minutes. Ajoutez les tomates, le vin ou le xérès, l'huile et le sel, couvrez et laissez mijoter encore 10 minutes jusqu'à ce que le poulet soit tendre. Disposez le poulet sur un plat de service préchauffé et coupez-le en morceaux. Réchauffez la sauce et versez-la sur le poulet pour servir.

Poulet et tomates avec sauce aux haricots noirs

pour 4

45 ml/3 cuillères à soupe d'huile d'arachide (huile d'arachide)
1 gousse d'ail, écrasée
45 ml/3 cuillères à soupe de sauce aux haricots noirs
225 g de poulet coupé en dés
15 ml/1 cuillère à soupe de vin de riz ou de xérès sec
5 ml/1 cuillère à café de sucre
15 ml/1 cuillère à soupe de sauce soja
90 ml/6 cuillères à soupe de bouillon de poulet
3 tomates pelées et coupées en quartiers
10 ml/2 cuillères à café de fécule de maïs (amidon de maïs)
45 ml/3 cuillères à soupe d'eau

Faites chauffer l'huile et faites revenir l'ail pendant 30 secondes. Ajouter la sauce aux haricots noirs et faire sauter pendant 30 secondes, puis ajouter le poulet et remuer jusqu'à ce qu'il soit bien enrobé d'huile. Ajoutez le vin ou le xérès, le sucre, la sauce soja et le bouillon, portez à ébullition, couvrez et laissez mijoter environ 5 minutes jusqu'à ce que le poulet soit cuit. Mélangez la fécule de maïs et l'eau pour obtenir une pâte, mélangez dans la casserole et laissez mijoter en remuant jusqu'à ce que la sauce soit légère et épaisse.

Poulet cuit rapidement avec des légumes

pour 4

1 blanc d'oeuf
50 g de fécule de maïs (amidon de maïs)
225 g de poitrine de poulet coupée en lanières
75 ml/5 cuillères à soupe d'huile d'arachide (huile d'arachide)
200 g de pousses de bambou coupées en lanières
50 g de pousses de soja
1 poivron vert, coupé en lanières
3 oignons nouveaux (oignons verts), tranchés
1 tranche de racine de gingembre, hachée
1 gousse d'ail, hachée
15 ml/1 cuillère à soupe de vin de riz ou de xérès sec

Battre les blancs d'œufs et la fécule de maïs et tremper les lanières de poulet dans le mélange. Faites chauffer l'huile à feu moyen et faites frire le poulet pendant quelques minutes jusqu'à ce qu'il soit bien cuit. Retirer de la poêle et bien égoutter. Ajouter les pousses de bambou, les germes de soja, les poivrons, les oignons, le gingembre et l'ail dans la poêle et faire revenir pendant 3 minutes. Ajoutez le vin ou le xérès et remettez le poulet dans la poêle. Bien mélanger et réchauffer avant de servir.

Poulet aux noix

pour 4

45 ml/3 cuillères à soupe d'huile d'arachide (huile d'arachide)
2 oignons nouveaux (oignons verts), hachés
1 tranche de racine de gingembre, hachée
450 g de blanc de poulet tranché finement
50 g de jambon coupé en morceaux
30 ml/2 cuillères à soupe de sauce soja
30 ml/2 cuillères à soupe de vin de riz ou de xérès sec
5 ml/1 cuillère à café de sucre
5 ml/1 cuillère à café de sel
100 g de noix concassées

Faites chauffer l'huile et faites revenir les oignons et le gingembre pendant 1 minute. Ajouter le poulet et le jambon et faire revenir pendant 5 minutes jusqu'à ce qu'ils soient presque cuits. Ajoutez la sauce soja, le vin ou le xérès, le sucre et le sel et faites sauter pendant 3 minutes. Ajouter les noix et faire sauter pendant 1 minute, jusqu'à ce que les ingrédients soient bien mélangés.

Poulet aux noix

pour 4

100 g de noix décortiquées, coupées en deux
Huile de friture
45 ml/3 cuillères à soupe d'huile d'arachide (huile d'arachide)
2 tranches de racine de gingembre, hachées
225 g de poulet coupé en dés
100 g de pousses de bambou coupées en tranches
75 ml/5 cuillères à soupe de bouillon de poulet

Préparez les noix, faites chauffer l'huile et faites frire les noix jusqu'à ce qu'elles soient dorées, puis égouttez-les bien. Faites chauffer l'huile d'arachide et faites revenir le gingembre pendant 30 secondes. Ajouter le poulet et faire revenir légèrement jusqu'à ce qu'il soit légèrement doré. Ajouter le reste des ingrédients, porter à ébullition et laisser mijoter en remuant jusqu'à ce que le poulet soit tendre.

Poulet aux châtaignes d'eau

pour 4

45 ml/3 cuillères à soupe d'huile d'arachide (huile d'arachide)
2 gousses d'ail, écrasées
2 oignons nouveaux (oignons verts), hachés
1 tranche de racine de gingembre, hachée
225 g de poitrine de poulet coupée en lanières
100 g de châtaignes d'eau coupées en lamelles
45 ml/3 cuillères à soupe de sauce soja
15 ml/1 cuillère à soupe de vin de riz ou de xérès sec
5 ml/1 cuillère à café de fécule de maïs (amidon de maïs)

Faites chauffer l'huile et faites revenir l'ail, les échalotes et le gingembre jusqu'à ce qu'ils soient légèrement dorés. Ajouter le poulet et faire revenir 5 minutes. Ajoutez les châtaignes d'eau et faites revenir 3 minutes. Ajoutez la sauce soja, le vin ou le xérès et la fécule de maïs et faites sauter jusqu'à ce que le poulet soit tendre, environ 5 minutes.

Poulet copieux aux châtaignes d'eau

pour 4

30 ml/2 cuillères à soupe d'huile d'arachide (huile d'arachide)

4 morceaux de poulet

3 oignons nouveaux (oignons verts), hachés

2 gousses d'ail, écrasées

1 tranche de racine de gingembre, hachée

250 ml / 8 fl oz / 1 tasse de sauce soja

30 ml/2 cuillères à soupe de vin de riz ou de xérès sec

30 ml/2 cuillères à soupe de cassonade

5 ml/1 cuillère à café de sel

375 ml / 13 fl oz / 1¼ tasse d'eau

225 g de châtaignes d'eau tranchées

15 ml/1 cuillère à soupe de fécule de maïs (amidon de maïs)

Faites chauffer l'huile et faites frire les morceaux de poulet jusqu'à ce qu'ils soient dorés. Ajouter les oignons nouveaux, l'ail et le gingembre et faire revenir pendant 2 minutes. Ajoutez la sauce soja, le vin ou le xérès, le sucre et le sel et mélangez bien. Ajouter l'eau et porter à ébullition, couvrir et laisser mijoter 20 minutes. Ajoutez les châtaignes d'eau, couvrez et laissez cuire encore 20 minutes. Mélangez la fécule de maïs avec un peu d'eau, ajoutez-la à la sauce et laissez mijoter en remuant jusqu'à ce que la sauce devienne légère et épaississe.

Wonton au poulet

pour 4

4 champignons chinois séchés
450 g de poitrine de poulet coupée en morceaux
225 g de légumes mélangés, hachés
1 oignon nouveau (oignon vert), haché
15 ml/1 cuillère à soupe de sauce soja
2,5 ml/½ cuillère à café de sel
40 peaux de wonton
1 oeuf battu

Faites tremper les champignons dans l'eau tiède pendant 30 minutes puis égouttez-les. Jetez les tiges et hachez les chapeaux. Mélangez le poulet, les légumes, la sauce soja et le sel.

Pour plier les wontons, tenez la peau dans la paume de votre main gauche et versez un peu de garniture au centre. Humidifiez les bords avec l'œuf et pliez la peau en triangle en scellant les bords. Humidifiez les coins avec l'œuf et tournez-les ensemble.

Portez une casserole d'eau à ébullition. Ajouter les wontons et laisser mijoter jusqu'à ce qu'ils flottent à la surface, environ 10 minutes.

Ailes de poulet croustillantes

pour 4

900 g d'ailes de poulet
60 ml/4 cuillères à soupe de vin de riz ou de xérès sec
60 ml/4 cuillères à soupe de sauce soja
50 g de fécule de maïs (amidon de maïs)
Huile d'arachide (arachide) pour la friture

Placez les ailes de poulet dans un bol. Mélangez le reste des ingrédients et versez sur les ailes de poulet en remuant bien pour qu'elles soient enrobées de sauce. Couvrir et laisser reposer 30 minutes. Faites chauffer l'huile et faites frire le poulet par lots jusqu'à ce qu'il soit cuit et brun foncé. Bien égoutter sur du papier absorbant et réserver au chaud pendant que vous rôtissez le reste du poulet.

Ailes de poulet aux cinq épices

pour 4

30 ml/2 cuillères à soupe d'huile d'arachide (huile d'arachide)
2 gousses d'ail, écrasées
450 g d'ailes de poulet
250 ml / 1 tasse de bouillon de poulet
30 ml/2 cuillères à soupe de sauce soja
5 ml/1 cuillère à café de sucre
5 ml/1 cuillère à café de poudre de cinq épices

Faites chauffer l'huile et l'ail jusqu'à ce que l'ail soit légèrement doré. Ajouter le poulet et faire revenir légèrement jusqu'à ce qu'il soit légèrement doré. Ajouter les autres ingrédients, bien mélanger et porter à ébullition. Couvrir et laisser mijoter environ 15 minutes jusqu'à ce que le poulet soit tendre. Retirez le couvercle et laissez mijoter en remuant de temps en temps jusqu'à ce que la majeure partie du liquide soit évaporée. Servir chaud ou froid.

Ailes de poulet marinées

pour 4

45 ml/3 cuillères à soupe de sauce soja
45 ml/3 cuillères à soupe de vin de riz ou de xérès sec
30 ml/2 cuillères à soupe de cassonade
5 ml/1 cuillère à café de racine de gingembre râpée
2 gousses d'ail, écrasées
6 oignons nouveaux (oignons nouveaux), tranchés
450 g d'ailes de poulet
30 ml/2 cuillères à soupe d'huile d'arachide (huile d'arachide)
225 g de pousses de bambou coupées en tranches
20 ml/4 cuillères à café de fécule de maïs (amidon de maïs)
175 ml de bouillon de poulet

Incorporer la sauce soja, le vin ou le xérès, le sucre, le gingembre, l'ail et les oignons nouveaux. Ajouter les ailes de poulet et remuer pour bien les enrober. Couvrir et laisser reposer 1 heure en remuant de temps en temps. Faites chauffer l'huile et faites frire les pousses de bambou pendant 2 minutes. Sortez-les de la poêle. Égoutter le poulet et les oignons en réservant la marinade. Faites chauffer l'huile et faites frire le poulet jusqu'à ce qu'il soit doré de tous les côtés. Couvrir et cuire encore 20 minutes jusqu'à ce que le poulet soit tendre. Mélangez la fécule de maïs avec le bouillon et la marinade réservée. Verser sur le poulet et cuire en remuant jusqu'à ce que la sauce épaississe. Incorporer les pousses de bambou et laisser mijoter en remuant pendant encore 2 minutes.

De vraies ailes de poulet

pour 4

12 ailes de poulet
250 ml / 8 fl oz / 1 tasse d'huile d'arachide (huile d'arachide)
15 ml/1 cuillère à soupe de sucre en poudre
2 oignons nouveaux (oignons nouveaux), hachés
5 tranches de racine de gingembre
5 ml/1 cuillère à café de sel
45 ml/3 cuillères à soupe de sauce soja
250 ml/8 fl oz/1 tasse de vin de riz ou de xérès sec
250 ml / 1 tasse de bouillon de poulet
10 tranches de pousses de bambou
15 ml/1 cuillère à soupe de fécule de maïs (amidon de maïs)
15 ml/1 cuillère à soupe d'eau
2,5 ml/½ cuillère à café d'huile de sésame

Blanchir les ailes de poulet dans l'eau bouillante pendant 5 minutes, puis bien égoutter. Faites chauffer l'huile, ajoutez le sucre et remuez jusqu'à ce qu'il fonde et devienne doré. Ajouter le poulet, les échalotes, le gingembre, le sel, la sauce soja, le vin et le bouillon, porter à ébullition et laisser mijoter 20 minutes. Ajouter les pousses de bambou et laisser mijoter 2 minutes ou jusqu'à ce que le liquide soit presque complètement évaporé.

Mélangez la fécule de maïs avec l'eau, mélangez dans la casserole et remuez jusqu'à épaississement. Disposez les ailes de poulet sur un plat de service préchauffé et servez arrosé d'huile de sésame.

Ailes de poulet assaisonnées

pour 4

30 ml/2 cuillères à soupe d'huile d'arachide (huile d'arachide)
5 ml/1 cuillère à café de sel
2 gousses d'ail, écrasées
900 g d'ailes de poulet
30 ml/2 cuillères à soupe de vin de riz ou de xérès sec
30 ml/2 cuillères à soupe de sauce soja
30 ml/2 cuillères à soupe de purée de tomates (pâte)
15 ml/1 cuillère à soupe de sauce Worcestershire

Faites chauffer l'huile, le sel et l'ail et faites revenir jusqu'à ce que l'ail devienne légèrement doré. Ajouter les ailes de poulet et faire sauter, en remuant souvent, jusqu'à ce qu'elles soient dorées et presque cuites, environ 10 minutes. Ajouter le reste des ingrédients et faire sauter jusqu'à ce que le poulet soit croustillant et bien cuit, environ 5 minutes.

Cuisses de poulet grillées

pour 4

16 cuisses de poulet
30 ml/2 cuillères à soupe de vin de riz ou de xérès sec
30 ml/2 cuillères à soupe de vinaigre de vin
30 ml/2 cuillères à soupe d'huile d'olive
Sel et poivre fraîchement moulu
120 ml/4 fl oz/½ tasse de jus d'orange
30 ml/2 cuillères à soupe de sauce soja
30 ml/2 cuillères à soupe de miel
15 ml/1 cuillère à soupe de jus de citron
2 tranches de racine de gingembre, hachées
120 ml / 4 fl oz / ½ tasse de sauce chili

Mélanger tous les ingrédients sauf la sauce chili, couvrir et laisser mariner au réfrigérateur toute la nuit. Retirez le poulet de la marinade et faites-le griller pendant environ 25 minutes, en le retournant et en l'arrosant de sauce chili.

Cuisses de poulet hoisin

pour 4

8 cuisses de poulet
600 ml/1 pt/2½ tasses de bouillon de poulet
Sel et poivre fraîchement moulu
250 ml / 8 fl oz / 1 tasse de sauce hoisin
30 ml/2 cuillères à soupe de farine pure (tout usage).
2 oeufs battus
100 grammes de chapelure
Huile de friture

Placer les cuisses et le bouillon dans une poêle, porter à ébullition, couvrir et laisser mijoter jusqu'à tendreté, 20 minutes. Retirez le poulet de la poêle et séchez-le sur du papier absorbant. Placer le poulet dans un bol et assaisonner de sel et de poivre. Versez dessus la sauce hoisin et laissez mariner 1 heure. vidange. Trempez le poulet dans la farine, puis dans les œufs et la chapelure, puis à nouveau dans l'œuf et la chapelure. Faites chauffer l'huile et faites frire le poulet jusqu'à ce qu'il soit doré, environ 5 minutes. Égoutter sur du papier absorbant et servir chaud ou froid.

Poulet braisé

Pour 4-6

75 ml/5 cuillères à soupe d'huile d'arachide (huile d'arachide)
1 poulet
3 oignons nouveaux (oignons verts), tranchés
3 tranches de racine de gingembre
120 ml/4 fl oz/½ tasse de sauce soja
30 ml/2 cuillères à soupe de vin de riz ou de xérès sec
5 ml/1 cuillère à café de sucre

Faites chauffer l'huile et faites frire le poulet jusqu'à ce qu'il soit doré. Ajouter les oignons nouveaux, le gingembre, la sauce soja et le vin ou le xérès et porter à ébullition. Couvrir et laisser mijoter 30 minutes en remuant de temps en temps. Ajoutez le sucre, couvrez et laissez mijoter encore 30 minutes jusqu'à ce que le poulet soit tendre.

Poulet frit croustillant

pour 4

1 poulet

Sel-

30 ml/2 cuillères à soupe de vin de riz ou de xérès sec

3 oignons nouveaux (oignons verts), coupés en dés

1 tranche de racine de gingembre

30 ml/2 cuillères à soupe de sauce soja

30 ml/2 cuillères à soupe de sucre

5 ml/1 cuillère à café de clous de girofle entiers

5 ml/1 cuillère à café de sel

5 ml/1 cuillère à café de grains de poivre

150 ml / ¼ pt / généreuse ½ tasse de bouillon de poulet

Huile de friture

1 laitue, hachée

4 tomates, tranchées

½ concombre, tranché

Frottez le poulet avec du sel et laissez-le reposer 3 heures. Rincer et placer dans un bol. Ajoutez le vin ou le xérès, le gingembre, la sauce soja, le sucre, les clous de girofle, le sel, les grains de poivre et le bouillon et mélangez bien. Placez le bol dans le cuiseur vapeur, couvrez et faites cuire à la vapeur jusqu'à ce que le poulet soit bien cuit, environ 2 heures et quart. vidange. Faites chauffer l'huile jusqu'à ce qu'elle fume, puis ajoutez le poulet et faites-le frire jusqu'à ce qu'il soit doré. Faites frire encore 5 minutes, puis retirez de l'huile et égouttez. Couper en morceaux et disposer sur une assiette de service préchauffée. Garnir de laitue, de tomates et de concombres et servir avec une sauce au poivre et au sel.

Poulet entier frit

Pour 5

1 poulet
10 ml/2 cuillères à café de sel
15 ml/1 cuillère à soupe de vin de riz ou de xérès sec
2 oignons nouveaux (oignons verts), coupés en deux
3 tranches de racine de gingembre, coupées en lanières
Huile de friture

Séchez le poulet et frottez la peau avec du sel et du vin ou du xérès. Placez les oignons nouveaux et le gingembre dans le puits. Suspendez le poulet dans un endroit frais pour qu'il sèche pendant environ 3 heures. Faites chauffer l'huile et placez le poulet dans un panier à frire. Plongez doucement dans l'huile, en versant et en sortant continuellement, jusqu'à ce que le poulet soit légèrement coloré. Retirer de l'huile et laisser refroidir légèrement pendant que vous chauffez l'huile. Faire frire à nouveau jusqu'à ce qu'ils soient dorés. Bien égoutter puis couper en petits morceaux.

Poulet aux cinq épices

Pour 4-6

1 poulet
120 ml/4 fl oz/½ tasse de sauce soja
2,5 cm / 1 morceau de racine de gingembre hachée
1 gousse d'ail, écrasée
15 ml/1 cuillère à soupe de poudre de cinq épices
30 ml/2 cuillères à soupe de vin de riz ou de xérès sec
30 ml/2 cuillères à soupe de miel
2,5 ml/½ cuillère à café d'huile de sésame
Huile de friture
30 ml/2 cuillères à soupe de sel
5 ml/1 cuillère à café de poivre fraîchement moulu

Placez le poulet dans une grande casserole et remplissez-le d'eau à mi-cuisse. Réservez 15 ml/1 cuillère à soupe de sauce soja et ajoutez le reste dans la poêle avec le gingembre, l'ail et la moitié de la poudre de cinq épices. Portez à ébullition, couvrez et laissez mijoter 5 minutes. Éteignez le feu et laissez le poulet dans l'eau jusqu'à ce que l'eau soit tiède. vidange.

Coupez le poulet en deux dans le sens de la longueur et placez-le côté coupé vers le bas sur une plaque à pâtisserie. Mélangez le reste de la sauce soja et la poudre de cinq épices avec du vin ou du xérès, du miel et de l'huile de sésame. Frotter le mélange sur le poulet et laisser reposer 2 heures, en le brossant de temps en temps. Faites chauffer l'huile et faites frire les moitiés de poulet jusqu'à ce qu'elles soient dorées et bien cuites, environ 15 minutes. Égouttez-les sur du papier absorbant et coupez-les en petits morceaux.

Pendant ce temps, mélangez le sel et le poivre et faites chauffer dans une poêle sèche pendant environ 2 minutes. Servir comme trempette pour le poulet.

Poulet, oignons nouveaux et gingembre

pour 4

1 poulet
2 tranches de racine de gingembre, coupées en lanières
Sel et poivre fraîchement moulu
90 ml/4 cuillères à soupe d'huile d'arachide (huile d'arachide)
8 oignons nouveaux (oignons verts), finement hachés
10 ml/2 cuillères à café de vinaigre de vin blanc
5 ml/1 cuillère à café de sauce soja

Placez le poulet dans une grande casserole, ajoutez la moitié du gingembre et versez suffisamment d'eau pour recouvrir presque le poulet. Assaisonnez avec du sel et du poivre. Porter à ébullition, couvrir et laisser mijoter jusqu'à tendreté, environ 1 ¼ heure. Laissez le poulet dans le bouillon jusqu'à ce qu'il refroidisse. Égouttez le poulet et conservez-le au réfrigérateur. Couper en portions.

Râpez le reste du gingembre et mélangez-le avec l'huile, les oignons nouveaux, le vinaigre de vin et la sauce soja, le sel et le poivre. Mettre au frais 1 heure. Placez les morceaux de poulet dans un bol de service et versez dessus la sauce au gingembre. Servir avec du riz cuit à la vapeur.

poulet poché

pour 4

1 poulet

1,2 L / 2 points / 5 tasses de bouillon de poulet ou d'eau

30 ml/2 cuillères à soupe de vin de riz ou de xérès sec

4 oignons nouveaux (oignons verts), hachés

1 tranche de racine de gingembre

5 ml/1 cuillère à café de sel

Placez le poulet dans une grande casserole avec tous les autres ingrédients. Le bouillon ou l'eau doit arriver jusqu'à mi-cuisse. Porter à ébullition, couvrir et laisser mijoter jusqu'à ce que le poulet soit bien cuit, environ 1 heure. Égoutter en réservant le bouillon pour les soupes.

Poulet bouilli rouge

pour 4

1 poulet

250 ml / 8 fl oz / 1 tasse de sauce soja

Placez le poulet dans une poêle, versez la sauce soja dessus et ajoutez de l'eau jusqu'à ce qu'elle recouvre presque complètement le poulet. Porter à ébullition, couvrir et laisser mijoter jusqu'à ce que le poulet soit tendre, environ 1 heure, en remuant de temps en temps.

Poulet assaisonné cuit rouge

pour 4

2 tranches de racine de gingembre
2 oignons nouveaux (échalote)
1 poulet
3 gousses d'anis étoilé
½ bâton de cannelle
15 ml/1 cuillère à soupe de grains de poivre du Sichuan
75 ml/5 cuillères à soupe de sauce soja
75 ml/5 cuillères à soupe de vin de riz ou de xérès sec
75 ml/5 cuillères à soupe d'huile de sésame
15 ml/1 cuillère à soupe de sucre

Placez le gingembre et les oignons verts dans la cavité du poulet et placez le poulet dans une poêle. Attachez l'anis étoilé, la cannelle et les grains de poivre dans un morceau de mousseline et ajoutez-les à la poêle. Verser avec de la sauce soja, du vin ou du xérès et de l'huile de sésame. Portez à ébullition, couvrez et laissez mijoter environ 45 minutes. Ajoutez le sucre, couvrez et laissez mijoter encore 10 minutes jusqu'à ce que le poulet soit tendre.

Poulet rôti au sésame

pour 4

50 grammes de graines de sésame
1 oignon, finement haché
2 gousses d'ail, hachées
10 ml/2 cuillères à café de sel
1 piment rouge séché, haché
Pincée de clous de girofle moulus
2,5 ml/½ cuillère à café de cardamome moulue
2,5 ml/½ cuillère à café de gingembre moulu
75 ml/5 cuillères à soupe d'huile d'arachide (huile d'arachide)
1 poulet

Mélangez toutes les épices et l'huile et badigeonnez le poulet. Placer sur une plaque à pâtisserie et ajouter 30 ml/2 cuillères à soupe d'eau dans le plat. Rôtir dans un four préchauffé à 180°C/350°F/Gas Mark 4 pendant environ 2 heures, en arrosant et en retournant le poulet de temps en temps, jusqu'à ce que le poulet soit doré et bien cuit. Si nécessaire, ajoutez un peu d'eau pour éviter que cela ne brûle.

Poulet à la sauce soja

Pour 4-6

300 ml/½ pt/1 ¼ tasse de sauce soja

300 ml/½ pt/1 ¼ tasse de vin de riz ou de xérès sec

1 oignon, haché

3 tranches de racine de gingembre, hachées

50 grammes de sucre

1 poulet

15 ml/1 cuillère à soupe de fécule de maïs (amidon de maïs)

60 ml/4 cuillères à soupe d'eau

1 concombre, pelé et tranché

30 ml/2 cuillères à soupe de persil frais haché

Mélangez la sauce soja, le vin ou le xérès, l'oignon, le gingembre et le sucre dans une casserole et portez à ébullition. Ajouter le poulet, porter à ébullition, couvrir et laisser mijoter 1 heure en retournant le poulet de temps en temps, jusqu'à ce qu'il soit tendre. Placer le poulet sur un plat de service préchauffé et le trancher. Versez tout sauf 250 ml de liquide de cuisson et portez à nouveau à ébullition. Mélangez la semoule de maïs et l'eau pour obtenir une pâte, mélangez dans la casserole et laissez mijoter en remuant jusqu'à ce que la sauce soit légère et épaisse.

Badigeonner le poulet d'un peu de sauce et garnir le poulet de concombre et de persil. Servir le reste de la sauce à côté.

Poulet cuit à la vapeur

pour 4

1 poulet

45 ml/3 cuillères à soupe de vin de riz ou de xérès sec

Sel-

2 tranches de racine de gingembre

2 oignons nouveaux (échalote)

250 ml / 1 tasse de bouillon de poulet

Placez le poulet dans un bol allant au four et frottez-le avec du vin ou du xérès et du sel et placez le gingembre et les oignons nouveaux dans le puits. Placez le bol sur une grille dans un cuiseur vapeur, couvrez et faites cuire à la vapeur sur de l'eau bouillante jusqu'à ce qu'il soit bien cuit, environ 1 heure. Servir chaud ou froid.

Poulet vapeur à l'anis

pour 4

250 ml / 8 fl oz / 1 tasse de sauce soja
250 ml / 8 fl oz / 1 tasse d'eau
15 ml/1 cuillère à soupe de cassonade
4 gousses d'anis étoilé
1 poulet

Mélangez la sauce soja, l'eau, le sucre et l'anis dans une casserole et portez à ébullition à feu doux. Placer le poulet dans un bol et enrober soigneusement le mélange à l'intérieur et à l'extérieur. Réchauffez le mélange et répétez le processus. Placer le poulet dans un bol allant au four. Placez le bol sur une grille dans un cuiseur vapeur, couvrez et faites cuire à la vapeur sur de l'eau bouillante jusqu'à ce qu'il soit bien cuit, environ 1 heure.

Poulet au goût étrange

pour 4

1 poulet
5 ml/1 cuillère à café de racine de gingembre hachée
5 ml/1 cuillère à café d'ail émincé
45 ml/3 cuillères à soupe de sauce soja épaisse
5 ml/1 cuillère à café de sucre
2,5 ml/½ cuillère à café de vinaigre de vin
10 ml/2 cuillères à café de sauce sésame
5 ml/1 cuillère à café de poivre fraîchement moulu
10 ml/2 cuillères à café d'huile de piment
½ laitue, hachée
15 ml/1 cuillère à soupe de coriandre fraîche hachée

Placez le poulet dans une casserole et remplissez d'eau jusqu'à ce que les cuisses de poulet soient à mi-hauteur. Porter à ébullition, couvrir et laisser mijoter jusqu'à ce que le poulet soit tendre, environ 1 heure. Retirer de la poêle, bien égoutter et plonger dans de l'eau glacée jusqu'à ce que la viande soit complètement froide. Bien égoutter et couper en morceaux de 5 cm/2. Mélangez tous les ingrédients restants et versez sur le poulet. Servir garni de laitue et de coriandre.

Morceaux de poulet croustillants

pour 4

100g de farine pure (tout usage).
pincée de sel
15 ml/1 cuillère à soupe d'eau
1 oeuf
350 g de poulet cuit, coupé en dés
Huile de friture

Mélangez la farine, le sel, l'eau et l'œuf jusqu'à obtenir une pâte assez ferme en ajoutant un peu d'eau si nécessaire. Tremper les morceaux de poulet dans la pâte jusqu'à ce qu'ils soient bien enrobés. Faites chauffer l'huile très chaude et faites frire le poulet pendant quelques minutes jusqu'à ce qu'il devienne croustillant et doré.

Poulet aux haricots verts

pour 4

45 ml/3 cuillères à soupe d'huile d'arachide (huile d'arachide)
450 g de poulet cuit, haché
5 ml/1 cuillère à café de sel
2,5 ml/½ cuillère à café de poivre fraîchement moulu
225 g de haricots verts coupés en morceaux
1 branche de céleri, tranchée en diagonale
225 g de champignons tranchés
250 ml / 1 tasse de bouillon de poulet
30 ml/2 cuillères à soupe de fécule de maïs (amidon de maïs)
60 ml/4 cuillères à soupe d'eau
10 ml/2 cuillères à café de sauce soja

Faites chauffer l'huile et faites revenir le poulet avec du sel et du poivre jusqu'à ce qu'il soit légèrement doré. Ajouter les haricots, le céleri et les champignons et bien mélanger. Ajouter le bouillon, porter à ébullition, couvrir et laisser mijoter 15 minutes. Mélangez la semoule de maïs, l'eau et la sauce soja pour obtenir une pâte, mélangez dans la poêle et laissez mijoter en remuant jusqu'à ce que la sauce devienne légère et épaississe.

Poulet bouilli à l'ananas

pour 4

45 ml/3 cuillères à soupe d'huile d'arachide (huile d'arachide)
225 g de poulet cuit, coupé en dés
Sel et poivre fraîchement moulu
2 branches de céleri, coupées en diagonale
3 tranches d'ananas, coupées en morceaux
120 ml / 4 fl oz / ½ tasse de bouillon de poulet
15 ml/1 cuillère à soupe de sauce soja
10 ml/2 cuillères à soupe de fécule de maïs (amidon de maïs)
30 ml/2 cuillères à soupe d'eau

Faites chauffer l'huile et faites frire le poulet jusqu'à ce qu'il soit légèrement doré. Assaisonnez de sel et de poivre, ajoutez le céleri et faites revenir 2 minutes. Ajoutez l'ananas, le bouillon et la sauce soja et remuez pendant quelques minutes jusqu'à ce que le tout soit bien chaud. Mélangez la fécule de maïs et l'eau pour obtenir une pâte, mélangez dans la casserole et laissez mijoter en remuant jusqu'à ce que la sauce devienne légère et épaississe.

Poulet aux poivrons et tomates

pour 4

45 ml/3 cuillères à soupe d'huile d'arachide (huile d'arachide)
450 g de poulet cuit, tranché
10 ml/2 cuillères à café de sel
5 ml/1 cuillère à café de poivre fraîchement moulu
1 poivron vert, coupé en morceaux
4 grosses tomates pelées et coupées en quartiers
250 ml / 1 tasse de bouillon de poulet
30 ml/2 cuillères à soupe de fécule de maïs (amidon de maïs)
15 ml/1 cuillère à soupe de sauce soja
120 ml/4 fl oz/½ tasse d'eau

Faites chauffer l'huile et faites frire le poulet, salez et poivrez jusqu'à ce qu'il soit doré. Ajouter les poivrons et les tomates. Versez le bouillon, portez à ébullition, couvrez et laissez mijoter 15 minutes. Mélangez la semoule de maïs, la sauce soja et l'eau pour obtenir une pâte, mélangez dans la poêle et laissez mijoter en remuant jusqu'à ce que la sauce soit légère et épaisse.

Poulet au sésame

pour 4

450 g de poulet cuit, coupé en lanières
2 tranches de gingembre, hachées finement
1 oignon nouveau (oignon vert), finement haché
Sel et poivre fraîchement moulu
60 ml/4 cuillères à soupe de vin de riz ou de xérès sec
60 ml/4 cuillères à soupe d'huile de sésame
10 ml/2 cuillères à café de sucre
5 ml/1 cuillère à café de vinaigre de vin
150 ml / ¼ pt / généreuse ½ tasse de sauce soja

Placer le poulet sur un plat de service et saupoudrer de gingembre, d'oignons nouveaux, de sel et de poivre. Mélangez le vin ou le xérès, l'huile de sésame, le sucre, le vinaigre de vin et la sauce soja. Verser sur le poulet.

Poulet rôti

pour 4

2 demi-coqs
45 ml/3 cuillères à soupe de sauce soja
45 ml/3 cuillères à soupe de vin de riz ou de xérès sec
120 ml / 4 fl oz / ½ tasse d'huile d'arachide (huile d'arachide)
1 oignon nouveau (oignon vert), finement haché
30 ml/2 cuillères à soupe de bouillon de poulet
10 ml/2 cuillères à café de sucre
5 ml/1 cuillère à café d'huile de piment
5 ml/1 cuillère à café de pâte d'ail
sel et poivre

Placer les poulets dans un bol. Mélangez la sauce soja et le vin ou le xérès, versez sur les poussins, couvrez et laissez mariner 2 heures en arrosant souvent. Faites chauffer l'huile et faites frire les girolles jusqu'à ce qu'elles soient bien cuites, environ 20 minutes. Retirez-les de la poêle et faites chauffer l'huile. Remettre dans la poêle et faire frire jusqu'à ce qu'ils soient dorés. Égoutter la majeure partie de l'huile. Mélangez les autres ingrédients, ajoutez-les dans la poêle et faites chauffer rapidement. Verser sur les poulets avant de servir.

Türkiye aux pois mange-tout

pour 4

60 ml/4 cuillères à soupe d'huile d'arachide (huile d'arachide)
2 oignons nouveaux (oignons verts), hachés
2 gousses d'ail, écrasées
1 tranche de racine de gingembre, hachée
225 g de poitrine de dinde coupée en lanières
225 g de pois de senteur (mangetout)
100 g de pousses de bambou coupées en lanières
50 g de châtaignes d'eau coupées en lamelles
45 ml/3 cuillères à soupe de sauce soja
15 ml/1 cuillère à soupe de vin de riz ou de xérès sec
5 ml/1 cuillère à café de sucre
5 ml/1 cuillère à café de sel
15 ml/1 cuillère à soupe de fécule de maïs (amidon de maïs)

Faites chauffer 45 ml/3 cuillères à soupe d'huile et faites revenir légèrement les oignons nouveaux, l'ail et le gingembre. Ajouter la dinde et faire dorer pendant 5 minutes. Retirer de la poêle et réserver. Faites chauffer le reste de l'huile et faites revenir les pois de senteur, les pousses de bambou et les châtaignes d'eau pendant 3 minutes. Ajoutez la sauce soja, le vin ou le xérès, le sucre et le sel et remettez la dinde dans la poêle. Faire frire pendant 1 minute. Mélangez la fécule de maïs avec un peu d'eau, ajoutez-la dans la poêle et laissez mijoter en remuant jusqu'à ce que la sauce devienne légère et épaisse.

Dinde aux poivrons

pour 4

4 champignons chinois séchés
30 ml/2 cuillères à soupe d'huile d'arachide (huile d'arachide)
1 bok choy, coupé en lanières
350 g de dinde fumée coupée en lanières
1 oignon, tranché
1 poivron rouge, coupé en lanières
1 poivron vert, coupé en lanières
120 ml / 4 fl oz / ½ tasse de bouillon de poulet
30 ml/2 cuillères à soupe de purée de tomates (pâte)
45 ml/3 cuillères à soupe de vinaigre de vin
30 ml/2 cuillères à soupe de sauce soja
15 ml/1 cuillère à soupe de sauce hoisin
10 ml/2 cuillères à café de fécule de maïs (amidon de maïs)
quelques gouttes d'huile de piment

Faites tremper les champignons dans l'eau tiède pendant 30 minutes puis égouttez-les. Jetez les tiges et coupez les chapeaux en lanières. Faites chauffer la moitié de l'huile et faites revenir le chou jusqu'à ce qu'il soit tendre, environ 5 minutes. Retirer de la poêle. Ajouter la dinde et faire sauter pendant 1 minute. Ajoutez les légumes et faites revenir 3 minutes. Mélangez le bouillon avec le concentré de tomate, le vinaigre de vin et les sauces et ajoutez-le à la poêle avec le chou. Mélangez la fécule de maïs avec un peu d'eau, ajoutez-la dans la casserole et portez à ébullition en remuant. Arroser d'huile de piment et laisser mijoter 2 minutes en remuant constamment.

Dinde rôtie chinoise

Pour 8 à 10 personnes

1 petite dinde
600 ml/1 pt/2½ tasses d'eau chaude
10 ml/2 cuillères à café de piment de la Jamaïque
500 ml / 16 fl oz / 2 tasses de sauce soja
5 ml/1 cuillère à café d'huile de sésame
10 ml/2 cuillères à café de sel
45 ml/3 cuillères à soupe de beurre

Placez la dinde dans une casserole et versez dessus de l'eau chaude. Ajouter les autres ingrédients sauf le beurre et laisser reposer 1 heure en remuant plusieurs fois. Retirer la dinde du liquide et badigeonner de beurre. Placer sur une plaque à pâtisserie, couvrir légèrement de papier d'aluminium et rôtir dans un four préchauffé à 160°C/325°F/thermostat 3 pendant environ 4 heures, en assaisonnant de temps en temps avec le liquide de sauce soja. Retirez le papier d'aluminium et laissez la peau croustillante pendant les 30 dernières minutes de cuisson.

Dinde aux noix et champignons

pour 4

450 g de filet de poitrine de dinde
sel et poivre
jus d'1 orange
15 ml/1 cuillère à soupe de farine pure (tout usage).
12 noix noires marinées avec jus
5 ml/1 cuillère à café de fécule de maïs (amidon de maïs)
15 ml/1 cuillère à soupe d'huile d'arachide (huile d'arachide)
2 oignons nouveaux (oignons verts), coupés en dés
225 grammes de champignons
45 ml/3 cuillères à soupe de vin de riz ou de xérès sec
10 ml/2 cuillères à café de sauce soja
50 grammes de beurre
25 g de pignons de pin

Coupez la dinde en tranches de 1 cm/½ d'épaisseur. Assaisonner de sel, de poivre et de jus d'orange et saupoudrer de farine. Égouttez les noix, coupez-les en deux, récupérez le liquide et mélangez-les avec la fécule de maïs. Faites chauffer l'huile et faites frire la dinde jusqu'à ce qu'elle soit dorée. Ajouter les oignons nouveaux et les champignons et faire revenir 2 minutes. Incorporer le vin ou le xérès et la sauce soja et laisser mijoter pendant 30 secondes. Ajoutez les noix au mélange de fécule de maïs, puis mélangez dans la casserole et portez à ébullition. Ajoutez le beurre en flocons, mais ne laissez pas bouillir le mélange. Faire griller les pignons de pin dans une poêle sèche jusqu'à ce qu'ils soient dorés. Transférer le mélange de dinde dans un plat de service préchauffé et servir garni de pignons de pin.

Canard aux pousses de bambou

pour 4

6 champignons chinois séchés
1 canard
50 g de jambon fumé coupé en lanières
100 g de pousses de bambou coupées en lanières
2 oignons nouveaux (oignons nouveaux), coupés en lanières
2 tranches de racine de gingembre, coupées en lanières
5 ml/1 cuillère à café de sel

Faites tremper les champignons dans l'eau tiède pendant 30 minutes puis égouttez-les. Jetez les tiges et coupez les chapeaux en lanières. Mélangez tous les ingrédients dans un bol résistant à la chaleur et placez-les dans une casserole remplie aux deux tiers d'eau. Porter à ébullition, couvrir et laisser mijoter environ 2 heures jusqu'à ce que le canard soit cuit, compléter d'eau bouillante si nécessaire.

Canard aux germes de soja

pour 4

225 g de germes de soja
45 ml/3 cuillères à soupe d'huile d'arachide (huile d'arachide)
450 g de viande de canard cuite
15 ml/1 cuillère à soupe de sauce aux huîtres
15 ml/1 cuillère à soupe de vin de riz ou de xérès sec
30 ml/2 cuillères à soupe d'eau
2,5 ml/½ cuillère à café de sel

Blanchir les germes de soja dans l'eau bouillante pendant 2 minutes puis égoutter. Faites chauffer l'huile, faites revenir les germes de soja pendant 30 secondes. Ajouter le canard et faire sauter jusqu'à ce qu'il soit bien chaud. Ajouter le reste des ingrédients et faire sauter pendant 2 minutes pour mélanger les saveurs. Sers immédiatement.

Canard Braisé

pour 4

4 oignons nouveaux (oignons verts), hachés
1 tranche de racine de gingembre, hachée
120 ml/4 fl oz/½ tasse de sauce soja
30 ml/2 cuillères à soupe de vin de riz ou de xérès sec
1 canard
120 ml / 4 fl oz / ½ tasse d'huile d'arachide (huile d'arachide)
600 ml/1 pt/2½ tasses d'eau
15 ml/1 cuillère à soupe de cassonade

Mélangez les oignons nouveaux, le gingembre, la sauce soja et le vin ou le xérès et frottez le canard à l'intérieur et à l'extérieur. Faites chauffer l'huile et saisissez le canard jusqu'à ce qu'il soit légèrement doré de tous les côtés. Égoutter l'huile. Ajouter l'eau et le reste du mélange de sauce soja, porter à ébullition, puis couvrir et laisser mijoter 1 heure. Ajouter le sucre et laisser mijoter à couvert encore 40 minutes jusqu'à ce que le canard soit tendre.

Ragoût de canard au céleri

pour 4

350 g de canard cuit, coupé en tranches
1 tête de céleri
250 ml / 1 tasse de bouillon de poulet
2,5 ml/½ cuillère à café de sel
5 ml/1 cuillère à café d'huile de sésame
1 tomate, coupée en quartiers

Placez le canard sur un cuiseur vapeur. Coupez le céleri en morceaux de 7,5 cm et placez-le dans une poêle. Versez le bouillon, salez et placez le cuiseur vapeur sur la poêle. Porter le bouillon à ébullition, puis laisser mijoter jusqu'à ce que le céleri soit tendre et que le canard soit bien chaud, environ 15 minutes. Disposer le canard et le céleri sur un plat de service préchauffé, arroser le céleri d'huile de sésame et servir garni de quartiers de tomates.

Canard au gingembre

pour 4

350 g de magret de canard émincé
1 œuf légèrement battu
5 ml/1 cuillère à café de sauce soja
5 ml/1 cuillère à café de fécule de maïs (amidon de maïs)
5 ml/1 cuillère à café d'huile d'arachide (huile d'arachide)
Huile de friture
50 grammes de pousses de bambou
50 g de pois mange-tout sucrés (petits pois)
2 tranches de racine de gingembre, hachées
15 ml/1 cuillère à soupe d'eau
2,5 ml/½ cuillère à café de sucre
2,5 ml/½ cuillère à café de vin de riz ou de xérès sec
2,5 ml/½ cuillère à café d'huile de sésame

Mélangez le canard avec l'œuf, la sauce soja, la fécule de maïs et l'huile et laissez reposer 10 minutes. Faites chauffer l'huile et faites frire le canard et les pousses de bambou jusqu'à ce qu'ils soient tendres et dorés. Retirer de la poêle et bien égoutter. Versez tout sauf 15 ml/1 cuillère à soupe d'huile de la poêle et faites revenir le canard, les pousses de bambou, les pois mange-tout, le gingembre, l'eau, le sucre et le vin ou le xérès pendant 2 minutes. Servir arrosé d'huile de sésame.

Canard aux haricots verts

pour 4

1 canard
60 ml/4 cuillères à soupe d'huile d'arachide (huile d'arachide)
2 gousses d'ail, écrasées
2,5 ml/½ cuillère à café de sel
1 oignon, haché
15 ml/1 cuillère à soupe de racine de gingembre râpée
45 ml/3 cuillères à soupe de sauce soja
120 ml/4 fl oz/½ tasse de vin de riz ou de xérès sec
60 ml/4 cuillères à soupe de ketchup aux tomates (katsup)
45 ml/3 cuillères à soupe de vinaigre de vin
300 ml/½ pt/1 ¼ tasse de bouillon de poulet
450 g de haricots verts tranchés
Pincée de poivre fraîchement moulu
5 gouttes d'huile de piment
15 ml/1 cuillère à soupe de fécule de maïs (amidon de maïs)
30 ml/2 cuillères à soupe d'eau

Coupez le canard en 8 ou 10 morceaux. Faites chauffer l'huile et faites frire le canard jusqu'à ce qu'il soit doré. Verser dans un bol. Ajoutez l'ail, le sel, l'oignon, le gingembre, la sauce soja, le vin ou le xérès, le ketchup et le vinaigre de vin. Mélangez, couvrez et laissez mariner au réfrigérateur pendant 3 heures.

Faites chauffer l'huile, ajoutez le canard, le bouillon et la marinade, portez à ébullition, couvrez et laissez mijoter 1 heure. Ajoutez les haricots, couvrez et laissez mijoter 15 minutes. Ajouter le paprika et l'huile de piment. Mélangez la fécule de maïs avec l'eau, mélangez dans la casserole et laissez mijoter en remuant jusqu'à ce que la sauce épaississe.

Canard frit à la vapeur

pour 4

1 canard
Sel et poivre fraîchement moulu
Huile de friture
Sauce hoisin

Assaisonnez le canard avec du sel et du poivre et placez-le dans un bol résistant à la chaleur. Placer dans une casserole remplie aux deux tiers d'eau, porter à ébullition, couvrir et laisser mijoter jusqu'à ce que le canard soit tendre, environ 1 1/2 heure. Égoutter et laisser refroidir.

Faites chauffer l'huile et faites frire le canard jusqu'à ce qu'il soit croustillant et doré. Retirer et bien égoutter. Couper en morceaux et servir avec de la sauce hoisin.

Canard aux fruits exotiques

pour 4

4 filets de magret de canard coupés en lanières
2,5 ml/½ cuillère à café de poudre aux cinq épices
30 ml/2 cuillères à soupe de sauce soja
15 ml/1 cuillère à soupe d'huile de sésame
15 ml/1 cuillère à soupe d'huile d'arachide (huile d'arachide)
3 branches de céleri, coupées en dés
2 tranches d'ananas, coupées en dés
100 g de melon coupé en dés
100 g de litchis coupés en deux
130 ml / 4 fl oz / ½ tasse de bouillon de poulet
30 ml/2 cuillères à soupe de purée de tomates (pâte)
30 ml/2 cuillères à soupe de sauce hoisin
10 ml/2 cuillères à café de vinaigre de vin
Pincée de cassonade

Placer le canard dans un bol. Mélangez la poudre de cinq épices, la sauce soja et l'huile de sésame, versez sur le canard et laissez mariner 2 heures en remuant de temps en temps. Faites chauffer l'huile et faites rôtir le canard pendant 8 minutes. Retirer de la poêle. Ajoutez le céleri et les fruits et faites revenir 5 minutes. Remettre le canard dans la poêle avec les autres ingrédients, porter à ébullition et laisser mijoter 2 minutes en remuant avant de servir.

Ragoût de canard aux feuilles de Chine

pour 4

1 canard
30 ml/2 cuillères à soupe de vin de riz ou de xérès sec
30 ml/2 cuillères à soupe de sauce hoisin
15 ml/1 cuillère à soupe de fécule de maïs (amidon de maïs)
5 ml/1 cuillère à café de sel
5 ml/1 cuillère à café de sucre
60 ml/4 cuillères à soupe d'huile d'arachide (huile d'arachide)
4 oignons nouveaux (oignons verts), hachés
2 gousses d'ail, écrasées
1 tranche de racine de gingembre, hachée
75 ml/5 cuillères à soupe de sauce soja
600 ml/1 pt/2½ tasses d'eau
225 g de feuilles de Chine hachées

Coupez le canard en 6 morceaux environ. Mélangez le vin ou le xérès, la sauce hoisin, la semoule de maïs, le sel et le sucre et frottez le canard. Laisser poser 1 heure. Faites chauffer l'huile et faites revenir les oignons nouveaux, l'ail et le gingembre pendant quelques secondes. Ajouter le canard et saisir jusqu'à ce qu'il soit légèrement doré sur toutes les faces. Égoutter l'excès de graisse. Versez la sauce soja et l'eau, portez à ébullition, couvrez et laissez mijoter environ 30 minutes. Ajoutez les feuilles de chinois, couvrez à nouveau et laissez mijoter encore 30 minutes jusqu'à ce que le canard soit tendre.

canard ivre

pour 4

2 oignons nouveaux (oignons verts), hachés
2 gousses d'ail, hachées
1,5 l / 2½ points / 6 tasses d'eau
1 canard
450 ml/¾ pt/2 tasses de vin de riz ou de xérès sec

Mettez les oignons nouveaux, l'ail et l'eau dans une grande casserole et portez à ébullition. Ajouter le canard, porter à ébullition, couvrir et laisser mijoter 45 minutes. Bien égoutter en réservant le liquide pour le bouillon. Laissez le canard refroidir, puis placez-le au réfrigérateur toute la nuit. Coupez le canard en morceaux et placez-le dans un grand bocal. Verser sur du vin ou du xérès et réfrigérer pendant environ 1 semaine avant de filtrer et de servir froid.

Canard aux cinq épices

pour 4

150 ml / ¼ pt / généreuse ½ tasse de vin de riz ou de xérès sec
150 ml / ¼ pt / généreuse ½ tasse de sauce soja
1 canard
10 ml/2 cuillères à café de poudre de cinq épices

Portez à ébullition le vin ou le xérès et la sauce soja. Ajouter le canard et laisser mijoter en retournant pendant environ 5 minutes. Retirez le canard de la poêle et frottez la poudre aux cinq épices sur la peau. Remettez l'oiseau dans la poêle et ajoutez suffisamment d'eau pour couvrir la moitié du canard. Porter à ébullition, couvrir et laisser mijoter, en retournant et en arrosant fréquemment, jusqu'à ce que le canard soit tendre, environ 1 1/2 heure. Coupez le canard en morceaux de 5 cm/2 cm et servez chaud ou froid.

Canard rôti au gingembre

pour 4

1 canard

2 tranches de racine de gingembre, hachées

2 oignons nouveaux (oignons verts), hachés

15 ml/1 cuillère à soupe de fécule de maïs (amidon de maïs)

30 ml/2 cuillères à soupe de sauce soja

30 ml/2 cuillères à soupe de vin de riz ou de xérès sec

2,5 ml/½ cuillère à café de sel

45 ml/3 cuillères à soupe d'huile d'arachide (huile d'arachide)

Retirez la viande des os et coupez-la en morceaux. Mélangez la viande avec tous les autres ingrédients sauf l'huile. Laisser poser 1 heure. Faites chauffer l'huile et faites frire le canard avec la marinade jusqu'à ce que le canard soit tendre, environ 15 minutes.

Canard au jambon et poireaux

pour 4

1 canard
450 grammes de jambon fumé
2 poireaux
2 tranches de racine de gingembre, hachées
45 ml/3 cuillères à soupe de vin de riz ou de xérès sec
45 ml/3 cuillères à soupe de sauce soja
2,5 ml/½ cuillère à café de sel

Placer le canard dans une casserole et couvrir d'eau froide. Portez à ébullition, couvrez et laissez mijoter environ 20 minutes. Égoutter et réserver 450 ml/¾ points/2 tasses de bouillon. Laissez le canard refroidir légèrement, puis retirez la viande des os et coupez-la en carrés de 5 cm. Coupez le jambon en morceaux semblables. Coupez le poireau en longs morceaux et roulez une tranche de canard et de jambon dans la feuille et nouez avec de la ficelle. Placer dans un bol résistant à la chaleur. Ajoutez le gingembre, le vin ou le xérès, la sauce soja et le sel au bouillon réservé et versez sur les rouleaux de canard. Placez le bol dans une casserole remplie d'eau jusqu'à ce qu'il atteigne les deux tiers des parois du bol. Porter à ébullition, couvrir et laisser mijoter jusqu'à ce que le canard soit tendre, environ 1 heure.

Canard rôti au miel

pour 4

1 canard

Sel

3 gousses d'ail écrasées

3 oignons nouveaux (oignons verts), hachés

45 ml/3 cuillères à soupe de sauce soja

45 ml/3 cuillères à soupe de vin de riz ou de xérès sec

45 ml/3 cuillères à soupe de miel

200 ml / un peu moins de 1 tasse d'eau bouillante

Séchez le canard et frottez le sel à l'intérieur et à l'extérieur. Mélangez l'ail, l'échalote, la sauce soja et le vin ou le xérès, puis coupez le mélange en deux. Incorporer le miel en deux et frotter le canard, puis laisser sécher. Ajouter de l'eau au reste du mélange de miel. Versez le mélange de sauce soja dans le creux du canard et placez-le sur une grille dans une rôtissoire avec un peu d'eau au fond. Rôtir dans un four préchauffé à 180°C/350°F/thermostat 4 pendant environ 2 heures jusqu'à tendreté, en badigeonnant avec le reste du mélange de miel.

Ragoût de canard rôti

pour 4

6 oignons nouveaux (oignons verts), hachés

2 tranches de racine de gingembre, hachées

1 canard

2,5 ml/½ cuillère à café d'anis moulu

15 ml/1 cuillère à soupe de sucre

45 ml/3 cuillères à soupe de vin de riz ou de xérès sec

60 ml/4 cuillères à soupe de sauce soja

250 ml / 8 fl oz / 1 tasse d'eau

Placez la moitié des oignons nouveaux et du gingembre dans une grande poêle à fond épais. Placez le reste dans la cavité du canard et ajoutez-le à la poêle. Ajouter tous les autres ingrédients sauf la sauce hoisin, porter à ébullition, couvrir et laisser mijoter environ 1 1/2 heure en remuant de temps en temps. Retirez le canard de la poêle et laissez-le sécher pendant environ 4 heures.

Disposez le canard sur une grille dans une rôtissoire remplie d'un peu d'eau froide. Rôtir dans un four préchauffé à 230°C/450°F/thermostat 8 pendant 15 minutes, puis retourner et rôtir encore 10 minutes jusqu'à ce qu'il soit croustillant. Pendant ce temps, faites chauffer le liquide réservé et versez-le sur le canard pour servir.

Canard rôti aux champignons

pour 4

1 canard
75 ml/5 cuillères à soupe d'huile d'arachide (huile d'arachide)
45 ml/3 cuillères à soupe de vin de riz ou de xérès sec
15 ml/1 cuillère à soupe de sauce soja
15 ml/1 cuillère à soupe de sucre
5 ml/1 cuillère à café de sel
pincée de poivre
2 gousses d'ail, écrasées
225 g de champignons coupés en deux
600 ml/1 pt/2½ tasses de bouillon de poulet
15 ml/1 cuillère à soupe de fécule de maïs (amidon de maïs)
30 ml/2 cuillères à soupe d'eau
5 ml/1 cuillère à café d'huile de sésame

Coupez le canard en morceaux de 5 cm/2 cm. Faites chauffer 45 ml/3 cuillères à soupe d'huile et faites frire le canard jusqu'à ce qu'il soit légèrement doré de tous les côtés. Ajoutez le vin ou le xérès, la sauce soja, le sucre, le sel et le poivre et faites sauter pendant 4 minutes. Retirer de la poêle. Faites chauffer le reste de l'huile et faites revenir l'ail jusqu'à ce qu'il soit légèrement doré. Ajouter les champignons et mélanger jusqu'à ce qu'ils soient recouverts d'huile. Ajoutez ensuite le mélange de canard dans la poêle et ajoutez le bouillon. Porter à ébullition, couvrir et laisser mijoter jusqu'à ce que le canard soit tendre, environ 1 heure. Fouetter ensemble la semoule de maïs et l'eau pour former une pâte, puis incorporer le mélange et laisser mijoter en remuant jusqu'à ce que la sauce épaississe. Saupoudrer d'huile de sésame et servir.

Canard aux deux champignons

pour 4

6 champignons chinois séchés
1 canard
750 ml/1 ¼ points/3 tasses de bouillon de poulet
45 ml/3 cuillères à soupe de vin de riz ou de xérès sec
5 ml/1 cuillère à café de sel
100 g de pousses de bambou coupées en lanières
100 grammes de champignons

Faites tremper les champignons dans l'eau tiède pendant 30 minutes puis égouttez-les. Jetez les tiges et coupez les chapeaux en deux. Placez le canard dans un grand bol résistant à la chaleur avec le bouillon, le vin ou le xérès et le sel, et placez-le dans une casserole remplie aux deux tiers des parois du bol avec de l'eau. Porter à ébullition, couvrir et laisser mijoter jusqu'à ce que le canard soit tendre, environ 2 heures. Retirer de la poêle et couper la viande des os. Versez le liquide de cuisson dans une casserole à part. Placez les pousses de bambou et les deux types de champignons au fond du cuiseur vapeur, retournez le canard, couvrez et faites cuire à la vapeur encore 30 minutes. Portez à ébullition le liquide de cuisson et versez-le sur le canard pour servir.

Canard braisé aux oignons

pour 4

4 champignons chinois séchés
1 canard
90 ml/6 cuillères à soupe de sauce soja
60 ml/4 cuillères à soupe d'huile d'arachide (huile d'arachide)
1 oignon nouveau (oignon vert), haché
1 tranche de racine de gingembre, hachée
45 ml/3 cuillères à soupe de vin de riz ou de xérès sec
450 g d'oignons émincés
100 g de pousses de bambou coupées en tranches
15 ml/1 cuillère à soupe de cassonade
15 ml/1 cuillère à soupe de fécule de maïs (amidon de maïs)
45 ml/3 cuillères à soupe d'eau

Faites tremper les champignons dans l'eau tiède pendant 30 minutes puis égouttez-les. Jetez les tiges et coupez les chapeaux. Frottez le canard avec 15 ml/1 cuillère à soupe de sauce soja. Réservez 15 ml/1 cuillère à soupe d'huile, faites chauffer le reste de l'huile et faites légèrement revenir les oignons nouveaux et le gingembre. Ajouter le canard et saisir jusqu'à ce qu'il soit légèrement doré sur toutes les faces. Retirez l'excès de graisse. Ajoutez le vin ou le xérès, le reste de la sauce soja dans la poêle et juste assez d'eau pour recouvrir presque le canard. Porter à ébullition, couvrir et laisser mijoter 1 heure en remuant de temps en temps.

Faites chauffer l'huile réservée et faites revenir les oignons jusqu'à ce qu'ils soient tendres. Retirer du feu et ajouter les pousses de bambou et les champignons, puis ajouter au canard, couvrir et laisser mijoter encore 30 minutes jusqu'à ce que le canard soit tendre. Retirez le canard de la poêle, coupez-le en portions et disposez-le sur une assiette de service préchauffée. Portez à ébullition les liquides dans la casserole, ajoutez le sucre et la fécule de maïs et laissez mijoter en remuant jusqu'à ce que le mélange bout et épaississe. Verser sur le canard pour servir.

Canard à la sauce à l'orange

pour 4

1 canard
3 oignons nouveaux (oignons nouveaux), hachés
2 tranches de racine de gingembre, coupées en lanières
1 tranche de zeste d'orange
Sel et poivre fraîchement moulu

Placer le canard dans une grande casserole, couvrir juste d'eau et porter à ébullition. Ajoutez les oignons nouveaux, le gingembre et le zeste d'orange, couvrez et laissez mijoter environ 1h30 jusqu'à ce que le canard soit tendre. Assaisonner de sel et de poivre, égoutter et servir.

Canard rôti à l'orange

pour 4

1 canard

2 gousses d'ail, coupées en deux

45 ml/3 cuillères à soupe d'huile d'arachide (huile d'arachide)

1 oignon

1 orange

120 ml/4 fl oz/½ tasse de vin de riz ou de xérès sec

2 tranches de racine de gingembre, hachées

5 ml/1 cuillère à café de sel

Frotter le canard à l'intérieur et à l'extérieur avec l'ail, puis badigeonner d'huile. Piquez l'oignon pelé avec une fourchette, placez-le dans la cavité du canard avec l'orange non pelée et fixez-le avec une pique à brochette. Disposez le canard sur une grille au-dessus d'une plaque à pâtisserie remplie d'un peu d'eau chaude et faites-le rôtir dans un four préchauffé à 160°C/thermostat 3 pendant environ 2 heures. Jetez le liquide et remettez le canard dans la rôtissoire. Versez du vin ou du xérès dessus et saupoudrez de gingembre et de sel. Remettre au four encore 30 minutes. Retirez l'oignon et l'orange et coupez le canard en petits morceaux. Verser le jus de cuisson sur le canard pour servir.

Canard aux poires et châtaignes

pour 4

225 g de châtaignes pelées
1 canard
45 ml/3 cuillères à soupe d'huile d'arachide (huile d'arachide)
250 ml / 1 tasse de bouillon de poulet
45 ml/3 cuillères à soupe de sauce soja
15 ml/1 cuillère à soupe de vin de riz ou de xérès sec
5 ml/1 cuillère à café de sel
1 tranche de racine de gingembre, hachée
1 grosse poire, pelée et coupée en tranches épaisses
15 ml/1 cuillère à soupe de sucre

Faites bouillir les châtaignes pendant 15 minutes, puis égouttez-les. Coupez le canard en morceaux de 5 cm/2 cm. Faites chauffer l'huile et saisissez le canard jusqu'à ce qu'il soit légèrement doré de tous les côtés. Égoutter l'excès d'huile, puis ajouter le bouillon, la sauce soja, le vin ou le xérès, le sel et le gingembre. Portez à ébullition, couvrez et laissez mijoter 25 minutes en remuant de temps en temps. Ajoutez les marrons, couvrez et laissez mijoter encore 15 minutes. Saupoudrez la poire de sucre, ajoutez-la dans la poêle et laissez mijoter jusqu'à ce qu'elle soit chaude, environ 5 minutes.

Canard laqué

pour 6

1 canard
250 ml / 8 fl oz / 1 tasse d'eau
120 ml/4 fl oz/½ tasse de miel
120 ml/4 fl oz/½ tasse d'huile de sésame
Pour les crêpes :
250 ml / 8 fl oz / 1 tasse d'eau
225 g (8 onces/2 tasses) de farine tout usage
Huile d'arachide (huile d'arachide pour la friture)

Pour la plongée :

120 ml/4 fl oz/½ tasse de sauce hoisin
30 ml/2 cuillères à soupe de cassonade
30 ml/2 cuillères à soupe de sauce soja
5 ml/1 cuillère à café d'huile de sésame
6 oignons nouveaux (oignons verts), tranchés dans le sens de la longueur
1 concombre, coupé en lanières

Le canard doit être entier, avec la peau intacte. Attachez le cou avec de la ficelle et cousez ou épinglez l'ouverture inférieure. Coupez une petite fente sur le côté de votre cou, insérez une paille et soufflez de l'air sous la peau jusqu'à ce qu'elle gonfle. Suspendez le canard au-dessus d'un bol et laissez-le reposer 1 heure.

Portez une casserole d'eau à ébullition, ajoutez le canard et laissez cuire 1 minute, puis retirez-le et séchez-le bien. Portez l'eau à ébullition et ajoutez le miel. Frottez le mélange sur la peau de canard jusqu'à saturation. Suspendez le canard au-dessus d'un bol dans un endroit frais et aéré jusqu'à ce que la peau soit dure, environ 8 heures.

Suspendez le canard ou placez-le sur une grille au-dessus d'une plaque à pâtisserie et faites-le rôtir au four préchauffé à 180°C/thermostat 4 pendant environ 1h30 en l'assaisonnant régulièrement avec de l'huile de sésame.

Pour les crêpes, faites bouillir de l'eau puis ajoutez progressivement la farine. Pétrir légèrement jusqu'à obtenir une pâte souple, couvrir d'un linge humide et laisser reposer 15 minutes. Étalez-la sur une surface farinée et formez un long cylindre. Couper en tranches de 2,5 cm, puis aplatir à environ 5 mm d'épaisseur et badigeonner le dessus d'huile. Empilez-les par paires, les surfaces huilées ensemble et saupoudrez légèrement l'extérieur de farine. Étalez les paires sur environ 10 cm de large et faites-les frire par paires pendant environ 1 minute de chaque côté jusqu'à ce qu'elles soient légèrement dorées. Séparez et empilez jusqu'au moment de servir.

Préparez les sauces en mélangeant la moitié de la sauce hoisin avec le sucre et en mélangeant le reste de la sauce hoisin avec la sauce soja et l'huile de sésame.

Sortez le canard du four, retirez la peau, coupez-le en carrés et coupez la viande en dés. Disposer sur des assiettes séparées et servir avec des crêpes, des sauces et des accompagnements.

Canard braisé à l'ananas

pour 4

1 canard

400 g de morceaux d'ananas en conserve au sirop

45 ml/3 cuillères à soupe de sauce soja

5 ml/1 cuillère à café de sel

Pincée de poivre fraîchement moulu

Placer le canard dans une marmite à fond épais, couvrir d'eau uniquement, porter à ébullition puis couvrir et laisser mijoter 1 heure. Versez le sirop d'ananas dans la casserole avec la sauce soja, salez et poivrez, couvrez et laissez mijoter encore 30 minutes. Ajouter les morceaux d'ananas et laisser mijoter encore 15 minutes jusqu'à ce que le canard soit tendre.

Canard rôti à l'ananas

pour 4

1 canard
45 ml/3 cuillères à soupe de fécule de maïs (amidon de maïs)
45 ml/3 cuillères à soupe de sauce soja
225 g d'ananas en conserve au sirop
45 ml/3 cuillères à soupe d'huile d'arachide (huile d'arachide)
2 tranches de racine de gingembre, coupées en lanières
15 ml/1 cuillère à soupe de vin de riz ou de xérès sec
5 ml/1 cuillère à café de sel

Coupez la viande de l'os et coupez-la en morceaux. Mélangez la sauce soja avec 30 ml/2 cuillères à soupe de fécule de maïs et ajoutez-la au canard jusqu'à ce qu'il soit bien enrobé. Laisser reposer 1 heure en remuant de temps en temps. Écrasez l'ananas et le sirop et faites chauffer doucement dans une poêle. Mélangez le reste de fécule de maïs avec un peu d'eau, ajoutez-le dans la poêle et laissez mijoter en remuant jusqu'à ce que la sauce épaississe. garder au chaud Faites chauffer l'huile et faites revenir le gingembre jusqu'à ce qu'il soit légèrement doré, puis jetez le gingembre. Ajouter le canard et saisir jusqu'à ce qu'il soit légèrement doré sur toutes les faces. Ajoutez le vin ou le xérès et le sel et faites sauter encore quelques minutes jusqu'à ce que le canard soit cuit. Disposez le canard sur un plat de service préchauffé,

Ananas au gingembre

pour 4

1 canard
100 g de gingembre confit au sirop
200 g de morceaux d'ananas en conserve au sirop
5 ml/1 cuillère à café de sel
15 ml/1 cuillère à soupe de fécule de maïs (amidon de maïs)
30 ml/2 cuillères à soupe d'eau

Placez le canard dans un bol résistant à la chaleur et placez-le dans une casserole remplie d'eau jusqu'aux deux tiers de la hauteur des parois du bol. Porter à ébullition, couvrir et laisser mijoter jusqu'à ce que le canard soit tendre, environ 2 heures. Sortez le canard et laissez-le refroidir un peu. Retirez la peau et les os et coupez le canard en morceaux. Disposer sur une assiette de service et réserver au chaud.

Versez le sirop de gingembre et d'ananas dans une casserole, ajoutez le sel, la fécule de maïs et l'eau. Portez à ébullition, remuez et laissez mijoter quelques minutes jusqu'à ce que la sauce devienne légère et épaississe. Ajoutez le gingembre et l'ananas, mélangez et versez sur le canard pour servir.

Canard à l'ananas et litchi

pour 4

4 magrets de canard
15 ml/1 cuillère à soupe de sauce soja
1 gousse d'anis étoilé
1 tranche de racine de gingembre
Huile d'arachide (arachide) pour la friture
90 ml/6 cuillères à soupe de vinaigre de vin
100 grammes de sucre de canne
250 ml / ½ tasse de bouillon de poulet
15 ml/1 cuillère à soupe de ketchup aux tomates (katsup)
200 g de morceaux d'ananas en conserve au sirop
15 ml/1 cuillère à soupe de fécule de maïs (amidon de maïs)
6 litchis en conserve
6 cerises au marasquin

Mettre les canards, la sauce soja, l'anis et le gingembre dans une casserole et couvrir d'eau froide. Porter à ébullition, écumer, puis couvrir et laisser mijoter jusqu'à ce que le canard soit tendre, environ 45 minutes. Égoutter et sécher. Faire frire dans l'huile chaude jusqu'à ce qu'ils soient croustillants.

Pendant ce temps, dans une casserole, mélangez le vinaigre de vin, le sucre, le bouillon, le ketchup et 30 ml/2 cuillères à soupe de sirop d'ananas, portez à ébullition et laissez mijoter environ 5 minutes. Incorporer les fruits et faire chauffer avant de verser sur le canard pour servir.

Canard au porc et châtaignes

pour 4

6 champignons chinois séchés
1 canard
225 g de châtaignes pelées
225 g de porc maigre, coupé en dés
3 oignons nouveaux (oignons verts), hachés
1 tranche de racine de gingembre, hachée
250 ml / 8 fl oz / 1 tasse de sauce soja
900 ml/1½ points/3¾ tasses d'eau

Faites tremper les champignons dans l'eau tiède pendant 30 minutes puis égouttez-les. Jetez les tiges et coupez les chapeaux. Placer tous les autres ingrédients dans une grande casserole, porter à ébullition, couvrir et laisser mijoter environ 1 heure et demie jusqu'à ce que le canard soit cuit.

Canard aux pommes de terre

pour 4

75 ml/5 cuillères à soupe d'huile d'arachide (huile d'arachide)
1 canard
3 gousses d'ail écrasées
30 ml/2 cuillères à soupe de sauce aux haricots noirs
10 ml/2 cuillères à café de sel
1,2 l / 2 points / 5 tasses d'eau
2 poireaux, tranchés grossièrement
15 ml/1 cuillère à soupe de sucre
45 ml/3 cuillères à soupe de sauce soja
60 ml/4 cuillères à soupe de vin de riz ou de xérès sec
1 gousse d'anis étoilé
900 g de pommes de terre tranchées épaisses
½ tête de feuilles chinoises
15 ml/1 cuillère à soupe de fécule de maïs (amidon de maïs)
30 ml/2 cuillères à soupe d'eau
Brins de persil plat

Faites chauffer 60 ml/4 cuillères à soupe d'huile et saisissez le canard jusqu'à ce qu'il soit doré de tous les côtés. Attachez ou cousez l'extrémité du cou et placez le cou de canard dans un bol profond. Faites chauffer le reste de l'huile et faites revenir l'ail jusqu'à ce qu'il soit légèrement doré. Ajouter la sauce aux haricots noirs et le sel et faire sauter pendant 1 minute. Ajouter l'eau, le poireau, le sucre, la sauce soja, le vin ou le xérès et l'anis étoilé et porter à ébullition. Versez 120 ml/8 fl oz/1 tasse du mélange dans la cavité du canard et attachez ou cousez en place. Portez à ébullition le reste du mélange dans la casserole. Ajouter le canard et les pommes de terre, couvrir et laisser mijoter 40 minutes en retournant le canard une fois. Disposez les feuilles chinoises sur une assiette de service. Retirez le canard de la poêle, coupez-le en morceaux de 5 cm/2 cm et disposez-le sur le plat de service avec les pommes de terre. Mélangez la fécule de maïs avec de l'eau pour former une pâte, mélangez dans la casserole et laissez mijoter en remuant jusqu'à ce que la sauce épaississe.

Canard Rouge Bouilli

pour 4

1 canard

4 oignons nouveaux (oignons nouveaux), coupés en morceaux

2 tranches de racine de gingembre, coupées en lanières

90 ml/6 cuillères à soupe de sauce soja

45 ml/3 cuillères à soupe de vin de riz ou de xérès sec

10 ml/2 cuillères à café de sel

10 ml/2 cuillères à café de sucre

Placer le canard dans une casserole à fond épais, couvrir juste d'eau et porter à ébullition. Ajoutez les oignons nouveaux, le gingembre, le vin ou le xérès et le sel, couvrez et laissez mijoter environ 1 heure. Ajoutez le sucre et laissez mijoter encore 45 minutes jusqu'à ce que le canard soit tendre. Découpez le canard dans une assiette et servez chaud ou froid, avec ou sans sauce.

Canard rôti au vin de riz

pour 4

1 canard

500 ml / 14 fl oz / 1¾ tasse de vin de riz ou de xérès sec

5 ml/1 cuillère à café de sel

45 ml/3 cuillères à soupe de sauce soja

Mettez le canard dans une casserole à fond épais avec le xérès et le sel, portez à ébullition, couvrez et laissez mijoter 20 minutes. Égouttez le canard, récupérez le liquide et frottez-le avec la sauce soja. Disposer sur une grille dans un plat allant au four rempli d'un peu d'eau chaude et cuire au four préchauffé à 180°C/thermostat 4 pendant env.

Canard vapeur au vin de riz

pour 4

1 canard
4 oignons nouveaux (échalotes), coupés en deux
1 tranche de racine de gingembre, hachée
250 ml/8 fl oz/1 tasse de vin de riz ou de xérès sec
30 ml/2 cuillères à soupe de sauce soja
pincée de sel

Blanchir le canard 5 minutes dans l'eau bouillante, puis l'égoutter. Placer dans un bol résistant à la chaleur avec le reste des ingrédients. Placez le bol dans une casserole remplie d'eau de manière à ce qu'il remonte aux deux tiers des parois du bol. Porter à ébullition, couvrir et laisser mijoter jusqu'à ce que le canard soit tendre, environ 2 heures. Retirez les oignons nouveaux et le gingembre avant de servir.

Canard abondant

pour 4

45 ml/3 cuillères à soupe d'huile d'arachide (huile d'arachide)

4 magrets de canard

3 oignons nouveaux (oignons verts), tranchés

2 gousses d'ail, écrasées

1 tranche de racine de gingembre, hachée

250 ml / 8 fl oz / 1 tasse de sauce soja

30 ml/2 cuillères à soupe de vin de riz ou de xérès sec

30 ml/2 cuillères à soupe de cassonade

5 ml/1 cuillère à café de sel

450 ml/¾ pt/2 tasses d'eau

15 ml/1 cuillère à soupe de fécule de maïs (amidon de maïs)

Faites chauffer l'huile et faites frire les magrets de canard jusqu'à ce qu'ils soient dorés. Ajouter les oignons nouveaux, l'ail et le gingembre et faire revenir pendant 2 minutes. Ajoutez la sauce soja, le vin ou le xérès, le sucre et le sel et mélangez bien. Ajouter l'eau, porter à ébullition, couvrir et laisser mijoter jusqu'à ce que la viande soit très tendre, environ 1 1/2 heure. Mélangez la fécule de maïs avec un peu d'eau, puis ajoutez-la dans la poêle et laissez mijoter en remuant jusqu'à ce que la sauce épaississe.

Canard copieux aux haricots verts

pour 4

45 ml/3 cuillères à soupe d'huile d'arachide (huile d'arachide)
4 magrets de canard
3 oignons nouveaux (oignons verts), tranchés
2 gousses d'ail, écrasées
1 tranche de racine de gingembre, hachée
250 ml / 8 fl oz / 1 tasse de sauce soja
30 ml/2 cuillères à soupe de vin de riz ou de xérès sec
30 ml/2 cuillères à soupe de cassonade
5 ml/1 cuillère à café de sel
450 ml/¾ pt/2 tasses d'eau
225 grammes de haricots verts
15 ml/1 cuillère à soupe de fécule de maïs (amidon de maïs)

Faites chauffer l'huile et faites frire les magrets de canard jusqu'à ce qu'ils soient dorés. Ajouter les oignons nouveaux, l'ail et le gingembre et faire revenir pendant 2 minutes. Ajoutez la sauce soja, le vin ou le xérès, le sucre et le sel et mélangez bien. Ajouter l'eau, porter à ébullition, couvrir et laisser mijoter environ 45 minutes. Ajoutez les haricots, couvrez et laissez mijoter encore 20 minutes. Mélangez la fécule de maïs avec un peu d'eau, puis ajoutez-la dans la poêle et laissez mijoter en remuant jusqu'à ce que la sauce épaississe.

Canard mijoté

pour 4

1 canard

50 g de fécule de maïs (amidon de maïs)

Huile de friture

2 gousses d'ail, écrasées

30 ml/2 cuillères à soupe de vin de riz ou de xérès sec

30 ml/2 cuillères à soupe de sauce soja

5 ml/1 cuillère à café de racine de gingembre râpée

750 ml/1¼ points/3 tasses de bouillon de poulet

4 champignons chinois séchés

225 g de pousses de bambou coupées en tranches

225 g de châtaignes d'eau tranchées

10 ml/2 cuillères à café de sucre

pincée de poivre

5 oignons nouveaux (oignons nouveaux), tranchés

Coupez le canard en petits morceaux. Réserver 30 ml/2 cuillères à soupe de fécule de maïs et badigeonner le canard avec le reste de fécule de maïs. Dépoussiérez l'excédent. Faites chauffer l'huile et faites revenir l'ail et le canard jusqu'à ce qu'ils soient légèrement dorés. Retirer de la poêle et égoutter sur du papier absorbant. Placer le canard dans une grande poêle. Incorporer le vin ou le xérès, 15 ml/1 cuillère à soupe de sauce soja et le gingembre. Placer dans la poêle et faire revenir à feu vif pendant 2 minutes. Ajouter la moitié du bouillon, porter à ébullition, couvrir et laisser mijoter environ 1 heure jusqu'à ce que le canard soit tendre.

Pendant ce temps, faites tremper les champignons dans l'eau tiède pendant 30 minutes puis égouttez-les. Jetez les tiges et coupez les chapeaux. Ajoutez les champignons, les pousses de bambou et les châtaignes d'eau au canard et laissez cuire 5 minutes en remuant souvent. Écumez le gras du liquide. Mélangez le reste du bouillon, la fécule de maïs et la sauce soja avec le sucre et le poivre et mélangez dans la poêle. Porter à ébullition en remuant, puis laisser mijoter jusqu'à ce que la sauce épaississe, environ 5 minutes. Transférer dans un bol de service préchauffé et servir garni d'oignons nouveaux.

Canard rôti

pour 4

1 blanc d'oeuf légèrement battu
20 ml/1 ½ cuillère à soupe de fécule de maïs (amidon de maïs)
Sel-
450 g de magret de canard émincé
45 ml/3 cuillères à soupe d'huile d'arachide (huile d'arachide)
2 oignons nouveaux (oignons nouveaux), coupés en lanières
1 poivron vert, coupé en lanières
5 ml/1 cuillère à café de vin de riz ou de xérès sec
75 ml/5 cuillères à soupe de bouillon de poulet
2,5 ml/½ cuillère à café de sucre

Battez les blancs d'œufs avec 15 ml/1 cuillère à soupe de fécule de maïs et une pincée de sel. Ajouter les tranches de canard et remuer jusqu'à ce que le canard soit enrobé. Faites chauffer l'huile et faites frire le canard jusqu'à ce qu'il soit tendre et doré. Retirez le canard de la poêle et égouttez tout sauf 30 ml/2 cuillères à soupe d'huile. Ajouter les oignons nouveaux et les poivrons et faire sauter pendant 3 minutes. Ajouter le vin ou le xérès, le bouillon et le sucre et porter à ébullition. Mélangez le reste de la fécule de maïs avec un peu d'eau, incorporez-la à la sauce et laissez mijoter en remuant jusqu'à ce que la sauce épaississe. Incorporer le canard, réchauffer et servir.

Canard aux patates douces

pour 4

1 canard

250 ml / 8 fl oz / 1 tasse d'huile d'arachide (huile d'arachide)

225 g de patates douces pelées et coupées en cubes

2 gousses d'ail, écrasées

1 tranche de racine de gingembre, hachée

2,5 ml/½ cuillère à café de cannelle

2,5 ml/½ cuillère à café de clous de girofle moulus

Pincée d'anis moulu

5 ml/1 cuillère à café de sucre

15 ml/1 cuillère à soupe de sauce soja

250 ml / 1 tasse de bouillon de poulet

15 ml/1 cuillère à soupe de fécule de maïs (amidon de maïs)

30 ml/2 cuillères à soupe d'eau

Coupez le canard en morceaux de 5 cm/2 cm. Faites chauffer l'huile et faites frire les pommes de terre jusqu'à ce qu'elles soient dorées. Retirer de la poêle et égoutter tout sauf 30 ml/2 cuillères à soupe d'huile. Ajouter l'ail et le gingembre et faire sauter pendant 30 secondes. Ajouter le canard et saisir jusqu'à ce qu'il soit légèrement doré sur toutes les faces. Ajouter les épices, le sucre, la sauce soja et le bouillon et porter à ébullition. Ajouter les pommes de terre, couvrir et laisser mijoter jusqu'à ce que le canard soit tendre, environ 20 minutes. Mélangez la fécule de maïs avec l'eau pour former une pâte, puis ajoutez-la dans la poêle et laissez mijoter en remuant jusqu'à ce que la sauce épaississe.

Canard aigre-doux

pour 4

1 canard

1,2 L / 2 points / 5 tasses de bouillon de poulet

2 oignons

2 carottes

2 gousses d'ail, tranchées

15 ml/1 cuillère à soupe d'assaisonnement

10 ml/2 cuillères à café de sel

10 ml/2 cuillères à café d'huile d'arachide (huile d'arachide)

6 oignons nouveaux (oignons verts), hachés

1 mangue, pelée et coupée en dés

12 litchis, coupés en deux

15 ml/1 cuillère à soupe de fécule de maïs (amidon de maïs)

15 ml/1 cuillère à soupe de vinaigre de vin

10 ml/2 cuillères à café de concentré de tomate (pâte)

15 ml/1 cuillère à soupe de sauce soja

5 ml/1 cuillère à café de poudre de cinq épices

300 ml/½ pt/1¼ tasse de bouillon de poulet

Placer le canard dans un cuiseur vapeur au-dessus d'une poêle avec le bouillon, les oignons, les carottes, l'ail, l'assaisonnement sel et poivre et le sel. Couvrir et cuire à la vapeur pendant 2 1/2 heures. Laisser le canard refroidir, couvrir et réfrigérer pendant 6 heures. Retirez la viande des os et coupez-la en cubes. Faites chauffer l'huile et faites revenir le canard et les oignons nouveaux jusqu'à ce qu'ils soient croustillants. Mélanger le reste des ingrédients, porter à ébullition et laisser mijoter 2 minutes en remuant jusqu'à ce que la sauce épaississe.

Canard mandarin

pour 4

1 canard
60 ml/4 cuillères à soupe d'huile d'arachide (huile d'arachide)
1 morceau de zeste de mandarine séché
900 ml/1½ pts/3¾ tasse de bouillon de poulet
5 ml/1 cuillère à café de sel

Suspendez le canard pour qu'il sèche pendant 2 heures. Faites chauffer la moitié de l'huile et faites revenir le canard jusqu'à ce qu'il soit légèrement doré. Placer dans un grand bol résistant à la chaleur. Faites chauffer le reste de l'huile et faites revenir le zeste de mandarine pendant 2 minutes, puis ajoutez-le au canard. Versez le bouillon sur le canard et assaisonnez de sel. Placez le bol sur une grille dans un cuiseur vapeur, couvrez et faites cuire à la vapeur jusqu'à ce que le canard soit tendre, environ 2 heures.

Canard aux légumes

pour 4

1 gros canard, coupé en 16 morceaux
Sel-
300 ml/½ pt/1¼ tasse d'eau
300 ml/½ pt/1¼ tasse de vin blanc sec
120 ml/4 fl oz/½ tasse de vinaigre de vin
45 ml/3 cuillères à soupe de sauce soja
30 ml/2 cuillères à soupe de sauce aux prunes
30 ml/2 cuillères à soupe de sauce hoisin
5 ml/1 cuillère à café de poudre de cinq épices
6 oignons nouveaux (oignons verts), hachés
2 carottes, hachées
5 cm/2 de radis blanc, haché
50 g de chou chinois coupé en dés
poivre fraîchement moulu
5 ml/1 cuillère à café de sucre

Placez les morceaux de canard dans un bol, saupoudrez-les de sel et ajoutez l'eau et le vin. Ajouter le vinaigre de vin, la sauce soja, la sauce aux prunes, la sauce hoisin et la poudre aux cinq épices, porter à ébullition, couvrir et laisser mijoter environ 1 heure. Ajoutez les légumes dans la poêle, retirez le couvercle et laissez mijoter encore 10 minutes. Assaisonner de sel, poivre et sucre puis laisser refroidir. Couvrir et réfrigérer toute la nuit. Jetez le gras et laissez mijoter le canard dans la sauce pendant 20 minutes.

Crevettes sauce litchi

pour 4

Tasse ordinaire de 50 g/2 oz/¬Ω (usage général)

Farine

2,5 ml/¬Ω cuillère à café de sel

1 œuf légèrement battu

30 ml/2 cuillères à soupe d'eau

450 g de crevettes décortiquées

Huile de friture

30 ml/2 cuillères à soupe d'huile d'arachide (huile d'arachide)

2 tranches de racine de gingembre, hachées

30 ml/2 cuillères à soupe de vinaigre de vin

5 ml/1 cuillère à café de sucre

2,5 ml/¬Ω cuillère à café de sel

15 ml/1 cuillère à soupe de sauce soja

200 g de litchi en conserve égouttés

Pétrir la farine, le sel, l'œuf et l'eau jusqu'à obtenir une pâte, en ajoutant un peu d'eau si nécessaire. Mélanger avec les crevettes jusqu'à ce qu'elles soient bien enrobées. Faites chauffer l'huile et faites frire les crevettes pendant quelques minutes jusqu'à ce qu'elles deviennent croustillantes et dorées. Égoutter sur du papier absorbant et disposer sur une assiette de service préchauffée. Pendant ce temps, faites chauffer l'huile et faites revenir le gingembre pendant 1 minute. Ajoutez le vinaigre de vin, le sucre, le sel et la sauce soja. Ajouter les litchis et remuer jusqu'à ce qu'ils soient chauds et enrobés de sauce. Versez sur les crevettes et servez aussitôt.

Crevettes sautées à la mandarine

pour 4

60 ml/4 cuillères à soupe d'huile d'arachide (huile d'arachide)
1 gousse d'ail, écrasée
1 tranche de racine de gingembre, hachée
450 g de crevettes décortiquées
30 ml/2 cuillères à soupe de vin de riz ou de xérès sec 30 ml/2 cuillères à soupe de sauce soja
15 ml/1 cuillère à soupe de fécule de maïs (amidon de maïs)
45 ml/3 cuillères à soupe d'eau

Faites chauffer l'huile et faites revenir l'ail et le gingembre jusqu'à ce qu'ils soient légèrement dorés. Ajouter les crevettes et faire revenir 1 minute. Ajouter le vin ou le xérès et bien mélanger. Ajoutez la sauce soja, la fécule de maïs et l'eau et faites sauter pendant 2 minutes.

Crevettes aux pois mange-tout

pour 4

5 champignons chinois séchés
225 g de germes de soja
60 ml/4 cuillères à soupe d'huile d'arachide (huile d'arachide)
5 ml/1 cuillère à café de sel
2 branches de céleri, hachées
4 oignons nouveaux (oignons verts), hachés
2 gousses d'ail, écrasées
2 tranches de racine de gingembre, hachées
60 ml/4 cuillères à soupe d'eau
15 ml/1 cuillère à soupe de sauce soja
15 ml/1 cuillère à soupe de vin de riz ou de xérès sec
225 g de pois de senteur (mangetout)
225 g de crevettes décortiquées
15 ml/1 cuillère à soupe de fécule de maïs (amidon de maïs)

Faites tremper les champignons dans l'eau tiède pendant 30 minutes puis égouttez-les. Jetez les tiges et coupez les chapeaux. Blanchir les germes de soja dans l'eau bouillante pendant 5 minutes puis bien les égoutter. Faites chauffer la moitié de l'huile et faites revenir le sel, le céleri, les oignons nouveaux et les germes de soja pendant 1 minute, puis retirez-les de la poêle.

Faites chauffer le reste de l'huile et faites revenir l'ail et le gingembre jusqu'à ce qu'ils soient légèrement dorés. Ajouter la moitié de l'eau, la sauce soja, le vin ou le xérès, les pois mange-tout et les crevettes, porter à ébullition et laisser mijoter 3 minutes. Mélangez la semoule de maïs et le reste de l'eau pour obtenir une pâte, mélangez dans la casserole et laissez mijoter en remuant jusqu'à ce que la sauce épaississe. Remettez les légumes dans la poêle et laissez mijoter jusqu'à ce qu'ils soient bien chauds. Sers immédiatement.

Crevettes aux champignons chinois

pour 4

8 champignons chinois séchés
45 ml/3 cuillères à soupe d'huile d'arachide (huile d'arachide)
3 tranches de racine de gingembre, hachées
450 g de crevettes décortiquées
15 ml/1 cuillère à soupe de sauce soja
5 ml/1 cuillère à café de sel
60 ml/4 cuillères à soupe de bouillon de poisson

Faites tremper les champignons dans l'eau tiède pendant 30 minutes puis égouttez-les. Jetez les tiges et coupez les chapeaux. Faites chauffer la moitié de l'huile et faites revenir le gingembre jusqu'à ce qu'il soit légèrement doré. Ajouter les crevettes, la sauce soja, le sel et faire revenir jusqu'à ce qu'elles soient enrobées d'huile, puis retirer de la poêle. Faites chauffer le reste de l'huile et faites revenir les champignons jusqu'à ce qu'ils soient enrobés d'huile. Ajouter le bouillon, porter à ébullition, couvrir et laisser mijoter 3 minutes. Remettez les crevettes dans la poêle et remuez jusqu'à ce qu'elles soient bien chaudes.

Poêlée de crevettes et petits pois

pour 4

450 g de crevettes décortiquées
5 ml/1 cuillère à café d'huile de sésame
5 ml/1 cuillère à café de sel
30 ml/2 cuillères à soupe d'huile d'arachide (huile d'arachide)
1 gousse d'ail, écrasée
1 tranche de racine de gingembre, hachée
225 g de petits pois blanchis ou surgelés, décongelés
4 oignons nouveaux (oignons verts), hachés
30 ml/2 cuillères à soupe d'eau
sel et poivre

Mélanger les crevettes avec l'huile de sésame et le sel. Faites chauffer l'huile et faites revenir l'ail et le gingembre pendant 1 minute. Ajouter les crevettes et faire revenir 2 minutes. Ajouter les petits pois et faire revenir 1 minute. Ajoutez les oignons nouveaux et l'eau et assaisonnez avec du sel, du poivre et un peu d'huile de sésame si vous le souhaitez. Avant de servir, réchauffer en remuant doucement.

Crevettes au chutney de mangue

pour 4

12 crevettes

sel et poivre

le jus d'1 citron

30 ml/2 cuillères à soupe de fécule de maïs (amidon de maïs)

1 mangue

5 ml/1 cuillère à café de moutarde en poudre

5 ml/1 cuillère à café de miel

30 ml/2 cuillères à soupe de crème de coco

30 ml/2 cuillères à soupe de poudre de curry doux

120 ml de bouillon de poulet

45 ml/3 cuillères à soupe d'huile d'arachide (huile d'arachide)

2 gousses d'ail, hachées

2 oignons nouveaux (oignons verts), hachés

1 fenouil haché

100 g de chutney de mangue

Décortiquez les crevettes en laissant les queues intactes. Assaisonner de sel, poivre et jus de citron et badigeonner de la moitié de la fécule de maïs. Épluchez la mangue, coupez la pulpe du noyau et coupez-la en cubes. Incorporer la moutarde, le miel, la crème de coco, la poudre de curry, le reste de la semoule de maïs et le bouillon. Faites chauffer la moitié de l'huile et faites revenir l'ail, les oignons nouveaux et le fenouil pendant 2 minutes. Ajouter le bouillon, porter à ébullition et laisser mijoter 1 minute. Ajouter les dés de mangue et le chutney et chauffer doucement, puis transférer dans une assiette de service préchauffée. Faites chauffer le reste de l'huile et faites revenir les crevettes pendant 2 minutes. Disposez les légumes dessus et servez aussitôt.

Boulettes de crevettes frites avec sauce à l'oignon

pour 4

3 œufs légèrement battus
45 ml/3 cuillères à soupe de farine pure (tout usage).
Sel et poivre fraîchement moulu
450 g de crevettes décortiquées
Huile de friture
15 ml/1 cuillère à soupe d'huile d'arachide (huile d'arachide)
2 oignons, hachés
15 ml/1 cuillère à soupe de fécule de maïs (amidon de maïs)
30 ml/2 cuillères à soupe de sauce soja
175 ml/6 fl oz/¬œ tasse d'eau

Mélangez les œufs, la farine, le sel et le poivre. Placer les crevettes dans la pâte. Faites chauffer l'huile et faites frire les crevettes jusqu'à ce qu'elles soient dorées. Pendant ce temps, faites chauffer l'huile et faites revenir les oignons pendant 1 minute. Mélangez le reste des ingrédients pour obtenir une pâte, incorporez les oignons et faites cuire en remuant jusqu'à ce que la sauce épaississe. Égouttez les crevettes et disposez-les sur une assiette de service préchauffée. Versez la sauce dessus et servez aussitôt.

Crevettes mandarines aux petits pois

pour 4

60 ml/4 cuillères à soupe d'huile d'arachide (huile d'arachide)
1 gousse d'ail, hachée
1 tranche de racine de gingembre, hachée
450 g de crevettes décortiquées
30 ml/2 cuillères à soupe de vin de riz ou de xérès sec
225 g de petits pois surgelés, décongelés
30 ml/2 cuillères à soupe de sauce soja
15 ml/1 cuillère à soupe de fécule de maïs (amidon de maïs)
45 ml/3 cuillères à soupe d'eau

Faites chauffer l'huile et faites revenir l'ail et le gingembre jusqu'à ce qu'ils soient légèrement dorés. Ajouter les crevettes et faire revenir 1 minute. Ajouter le vin ou le xérès et bien mélanger. Ajouter les petits pois et faire revenir 5 minutes. Ajoutez les autres ingrédients et faites sauter pendant 2 minutes.

Crevettes de Pékin

pour 4

30 ml/2 cuillères à soupe d'huile d'arachide (huile d'arachide)
2 gousses d'ail, écrasées
1 tranche de racine de gingembre, hachée finement
225 g de crevettes décortiquées
4 oignons nouveaux (oignons verts), tranchés épaissement
120 ml de bouillon de poulet
5 ml/1 cuillère à café de cassonade
5 ml/1 cuillère à café de sauce soja
5 ml/1 cuillère à café de sauce hoisin
5 ml/1 cuillère à café de sauce Tabasco

Faites chauffer l'huile avec l'ail et le gingembre et faites-les revenir jusqu'à ce que l'ail soit légèrement doré. Ajouter les crevettes et faire revenir 1 minute. Ajoutez les oignons nouveaux et faites revenir 1 minute. Ajouter le reste des ingrédients, porter à ébullition, couvrir et laisser mijoter 4 minutes en remuant de temps en temps. Vérifiez l'assaisonnement et ajoutez un peu plus de sauce Tabasco, si vous le souhaitez.

Crevettes aux poivrons

pour 4

30 ml/2 cuillères à soupe d'huile d'arachide (huile d'arachide)
1 poivron vert, coupé en morceaux
450 g de crevettes décortiquées
10 ml/2 cuillères à café de fécule de maïs (amidon de maïs)
60 ml/4 cuillères à soupe d'eau
5 ml/1 cuillère à café de vin de riz ou de xérès sec
2,5 ml/¬Ω cuillère à café de sel
45 ml/2 cuillères à soupe de purée de tomates (pâte)

Faites chauffer l'huile et faites revenir les poivrons pendant 2 minutes. Ajouter les crevettes et la purée de tomates et bien mélanger. Mélangez l'eau de fécule de maïs, le vin ou le xérès et le sel pour obtenir une pâte, mélangez dans la poêle et laissez mijoter en remuant jusqu'à ce que la sauce soit légère et épaisse.

Crevettes frites au porc

pour 4

225 g de crevettes décortiquées
100 g de porc maigre, haché
60 ml/4 cuillères à soupe de vin de riz ou de xérès sec
1 blanc d'oeuf
45 ml/3 cuillères à soupe de fécule de maïs (amidon de maïs)
5 ml/1 cuillère à café de sel
15 ml/1 cuillère à soupe d'eau (facultatif)
90 ml/6 cuillères à soupe d'huile d'arachide (huile d'arachide)
45 ml/3 cuillères à soupe de bouillon de poisson
5 ml/1 cuillère à café d'huile de sésame

Placer les crevettes et le porc dans des bols séparés. Mélangez 45 ml / 3 cuillères à soupe de vin ou de xérès, le blanc d'œuf, 30 ml / 2 cuillères à soupe de fécule de maïs et le sel jusqu'à formation d'un mélange mousseux, en ajoutant de l'eau si nécessaire. Répartissez le mélange entre le porc et les crevettes, en remuant bien pour bien enrober. Faites chauffer l'huile et faites revenir le porc et les crevettes pendant quelques minutes jusqu'à ce qu'ils soient dorés. Retirer de la poêle et égoutter tout sauf 15 ml/1 cuillère à soupe d'huile. Ajoutez le bouillon dans la poêle avec le reste du vin ou du xérès et la fécule de maïs. Porter à ébullition et laisser mijoter en remuant jusqu'à ce que la sauce épaississe. Verser sur les crevettes et le porc et servir arrosé d'huile de sésame.

Crevettes frites à la sauce au xérès

pour 4

50 g/2 oz/¬Ω tasse de farine pure (tout usage).
2,5 ml/¬Ω cuillère à café de sel
1 œuf légèrement battu
30 ml/2 cuillères à soupe d'eau
450 g de crevettes décortiquées
Huile de friture
15 ml/1 cuillère à soupe d'huile d'arachide (huile d'arachide)
1 oignon, finement haché
45 ml/3 cuillères à soupe de vin de riz ou de xérès sec
15 ml/1 cuillère à soupe de sauce soja
120 ml/4 fl oz/¬Ω tasse de bouillon de poisson
10 ml/2 cuillères à café de fécule de maïs (amidon de maïs)
30 ml/2 cuillères à soupe d'eau

Pétrir la farine, le sel, l'œuf et l'eau jusqu'à obtenir une pâte, en ajoutant un peu d'eau si nécessaire. Mélanger avec les crevettes jusqu'à ce qu'elles soient bien enrobées. Faites chauffer l'huile et faites frire les crevettes pendant quelques minutes jusqu'à ce qu'elles deviennent croustillantes et dorées. Égoutter sur du papier absorbant et disposer dans un bol de service préchauffé. Pendant ce temps, faites chauffer l'huile et faites revenir l'oignon jusqu'à ce qu'il soit tendre. Ajoutez le vin ou le xérès, la sauce soja et le bouillon, portez à ébullition et laissez mijoter 4 minutes. Mélangez la fécule de maïs et l'eau pour obtenir une pâte, mélangez dans la casserole et laissez mijoter en remuant jusqu'à ce que la sauce devienne légère et épaississe. Versez la sauce sur les crevettes et servez.

Crevettes frites au sésame

pour 4

450 g de crevettes décortiquées
¬Ω protéine
5 ml/1 cuillère à café de sauce soja
5 ml/1 cuillère à café d'huile de sésame
50 g/2 oz/¬Ω tasse de fécule de maïs (amidon de maïs)
Sel et poivre blanc fraîchement moulu
Huile de friture
60 ml/4 cuillères à soupe de graines de sésame
feuilles de laitue

Mélangez les crevettes avec le blanc d'œuf, la sauce soja, l'huile de sésame, la fécule de maïs, le sel et le poivre. Ajoutez un peu d'eau si le mélange est trop épais. Faites chauffer l'huile et faites frire les crevettes pendant quelques minutes jusqu'à ce qu'elles soient dorées. Pendant ce temps, faites griller les graines de sésame dans une poêle sèche jusqu'à ce qu'elles soient dorées. Égoutter les crevettes et mélanger avec le sésame. Servir sur un lit de laitue.

Crevettes frites dans leur carapace

pour 4

60 ml/4 cuillères à soupe d'huile d'arachide (huile d'arachide)
750 g de crevettes non décortiquées
3 oignons nouveaux (oignons verts), hachés
3 tranches de racine de gingembre, hachées
2,5 ml/¬Ω cuillère à café de sel
15 ml/1 cuillère à soupe de vin de riz ou de xérès sec
120 ml de ketchup aux tomates (catsup)
15 ml/1 cuillère à soupe de sauce soja
15 ml/1 cuillère à soupe de sucre
15 ml/1 cuillère à soupe de fécule de maïs (amidon de maïs)
60 ml/4 cuillères à soupe d'eau

Faites chauffer l'huile et faites frire les crevettes pendant 1 minute si elles sont cuites ou jusqu'à ce qu'elles deviennent roses si elles sont crues. Ajoutez les oignons nouveaux, le gingembre, le sel et le vin ou le xérès et faites revenir pendant 1 minute. Ajouter le ketchup aux tomates, la sauce soja et le sucre et faire sauter pendant 1 minute. Mélanger la semoule de maïs et l'eau, incorporer dans la casserole et laisser mijoter en remuant jusqu'à ce que la sauce devienne légère et épaississe.

Crevettes molles frites

pour 4

75 g/3 oz/tasse bien remplie de fécule de maïs (amidon de maïs)
1 blanc d'oeuf
5 ml/1 cuillère à café de vin de riz ou de xérès sec
Sel
350 g de crevettes décortiquées
Huile de friture

Mélangez la fécule de maïs, le blanc d'œuf, le vin ou le xérès et une pincée de sel pour former une pâte épaisse. Trempez les crevettes dans la pâte jusqu'à ce qu'elles soient bien enrobées. Faites chauffer l'huile à feu moyen-vif et faites frire les crevettes pendant quelques minutes jusqu'à ce qu'elles soient dorées. Retirer de l'huile, chauffer jusqu'à ce qu'il soit chaud, puis faire revenir les crevettes jusqu'à ce qu'elles soient croustillantes et dorées.

tempura de crevettes

pour 4

450 g de crevettes décortiquées
30 ml/2 cuillères à soupe de farine pure (tout usage).
30 ml/2 cuillères à soupe de fécule de maïs (amidon de maïs)
30 ml/2 cuillères à soupe d'eau
2 oeufs battus
Huile de friture

Coupez les crevettes en deux sur la courbe intérieure et étalez-les en forme de papillon. Mélangez la farine, la fécule de maïs et l'eau dans une pâte, puis incorporez les œufs. Faites chauffer l'huile et faites frire les crevettes jusqu'à ce qu'elles soient dorées.

caoutchouc inférieur

pour 4

30 ml/2 cuillères à soupe d'huile d'arachide (huile d'arachide)
2 oignons nouveaux (oignons verts), hachés
1 gousse d'ail, écrasée
1 tranche de racine de gingembre, hachée
100 g de poitrine de poulet coupée en lanières
100 g de jambon coupé en lanières
100 g de pousses de bambou coupées en lanières
100 g de châtaignes d'eau coupées en lamelles
225 g de crevettes décortiquées
30 ml/2 cuillères à soupe de sauce soja
30 ml/2 cuillères à soupe de vin de riz ou de xérès sec
5 ml/1 cuillère à café de sel
5 ml/1 cuillère à café de sucre
5 ml/1 cuillère à café de fécule de maïs (amidon de maïs)

Faites chauffer l'huile et faites revenir les oignons nouveaux, l'ail et le gingembre jusqu'à ce qu'ils soient légèrement dorés. Ajouter le poulet et faire revenir 1 minute. Ajoutez le jambon, les pousses de bambou et les châtaignes d'eau et faites revenir 3 minutes. Ajouter les crevettes et faire revenir 1 minute. Ajoutez la sauce soja, le vin ou le xérès, le sel et le sucre et faites sauter pendant 2 minutes. Mélangez la fécule de maïs avec un peu d'eau, ajoutez-la dans la poêle et laissez mijoter 2 minutes en remuant.

Crevettes au tofu

pour 4

45 ml/3 cuillères à soupe d'huile d'arachide (huile d'arachide)
225 g de tofu coupé en dés
1 oignon nouveau (oignon vert), haché
1 gousse d'ail, écrasée
15 ml/1 cuillère à soupe de sauce soja
5 ml/1 cuillère à café de sucre
90 ml/6 cuillères à soupe de bouillon de poisson
225 g de crevettes décortiquées
15 ml/1 cuillère à soupe de fécule de maïs (amidon de maïs)
45 ml/3 cuillères à soupe d'eau

Faites chauffer la moitié de l'huile et faites frire le tofu jusqu'à ce qu'il soit légèrement doré, puis retirez-le de la poêle. Faites chauffer le reste de l'huile et faites revenir légèrement les oignons nouveaux et l'ail. Ajouter la sauce soja, le sucre et le bouillon et porter à ébullition. Ajoutez les crevettes et faites revenir à feu doux pendant 3 minutes. Mélangez la semoule de maïs et l'eau pour obtenir une pâte, mélangez dans la casserole et laissez mijoter en remuant jusqu'à ce que la sauce épaississe. Remettez le tofu dans la poêle et laissez mijoter doucement jusqu'à ce qu'il soit bien chaud.

Crevettes aux tomates cerises

pour 4

2 blancs d'œufs

30 ml/2 cuillères à soupe de fécule de maïs (amidon de maïs)

5 ml/1 cuillère à café de sel

450 g de crevettes décortiquées

Huile de friture

30 ml/2 cuillères à soupe de vin de riz ou de xérès sec

225 g de tomates pelées, épépinées et hachées

Mélangez le blanc d'œuf, la fécule de maïs et le sel. Remuer les crevettes jusqu'à ce qu'elles soient bien enrobées. Faites chauffer l'huile et faites frire les crevettes jusqu'à ce qu'elles soient cuites. Égoutter l'huile sauf 15 ml/1 cuillère à soupe et réchauffer. Ajouter le vin ou le xérès et les tomates et porter à ébullition. Incorporer les crevettes et réchauffer brièvement avant de servir.

Crevettes à la sauce tomate

pour 4

30 ml/2 cuillères à soupe d'huile d'arachide (huile d'arachide)
1 gousse d'ail, écrasée
2 tranches de racine de gingembre, hachées
2,5 ml/½ cuillère à café de sel
15 ml/1 cuillère à soupe de vin de riz ou de xérès sec
15 ml/1 cuillère à soupe de sauce soja
6 ml/4 cuillères à soupe de ketchup aux tomates (katsup)
120 ml/4 fl oz/½ tasse de bouillon de poisson
350 g de crevettes décortiquées
10 ml/2 cuillères à café de fécule de maïs (amidon de maïs)
30 ml/2 cuillères à soupe d'eau

Faites chauffer l'huile et faites revenir l'ail, le gingembre et le sel pendant 2 minutes. Ajouter le vin ou le sherry, la sauce soja, le ketchup et le bouillon et porter à ébullition. Ajoutez les crevettes, couvrez et laissez mijoter 2 minutes. Mélangez la fécule de maïs et l'eau pour obtenir une pâte, mélangez dans la casserole et laissez mijoter en remuant jusqu'à ce que la sauce soit légère et épaisse.

Crevettes à la sauce tomate et chili

pour 4

60 ml/4 cuillères à soupe d'huile d'arachide (huile d'arachide)
15 ml/1 cuillère à soupe de gingembre haché
15 ml/1 cuillère à soupe d'ail émincé
15 ml/1 cuillère à soupe d'oignon nouveau haché
60 ml/4 cuillères à soupe de purée de tomates (pâtes)
15 ml/1 cuillère à soupe de sauce chili
450 g de crevettes décortiquées
15 ml/1 cuillère à soupe de fécule de maïs (amidon de maïs)
15 ml/1 cuillère à soupe d'eau

Faites chauffer l'huile et faites revenir le gingembre, l'ail et l'oignon nouveau pendant 1 minute. Ajouter la purée de tomates et la sauce chili et bien mélanger. Ajouter les crevettes et faire revenir 2 minutes. Mélangez la semoule de maïs et l'eau pour obtenir une pâte, mélangez dans la poêle et laissez mijoter jusqu'à ce que la sauce épaississe. Sers immédiatement.

Crevettes frites à la sauce tomate

pour 4

50 g/2 oz/¬Ω tasse de farine pure (tout usage).
2,5 ml/¬Ω cuillère à café de sel
1 œuf légèrement battu
30 ml/2 cuillères à soupe d'eau
450 g de crevettes décortiquées
Huile de friture
30 ml/2 cuillères à soupe d'huile d'arachide (huile d'arachide)
1 oignon, finement haché
2 tranches de racine de gingembre, hachées
75 ml/5 cuillères à soupe de ketchup aux tomates (katsup)
10 ml/2 cuillères à café de fécule de maïs (amidon de maïs)
30 ml/2 cuillères à soupe d'eau

Pétrir la farine, le sel, l'œuf et l'eau jusqu'à obtenir une pâte, en ajoutant un peu d'eau si nécessaire. Mélanger avec les crevettes jusqu'à ce qu'elles soient bien enrobées. Faites chauffer l'huile et faites frire les crevettes pendant quelques minutes jusqu'à ce qu'elles deviennent croustillantes et dorées. Égoutter sur du papier absorbant.

Pendant ce temps, faites chauffer l'huile et faites revenir l'oignon et le gingembre jusqu'à ce qu'ils soient tendres. Ajouter le ketchup aux tomates et laisser mijoter 3 minutes. Mélangez la fécule de maïs et l'eau pour obtenir une pâte, mélangez dans la casserole et laissez mijoter en remuant jusqu'à ce que la sauce épaississe. Ajouter les crevettes dans la poêle et laisser mijoter jusqu'à ce qu'elles soient chaudes. Sers immédiatement.

Crevettes aux Légumes

pour 4

15 ml/1 cuillère à soupe d'huile d'arachide (huile d'arachide)
225 g de fleurons de brocoli
225 grammes de champignons
225 g de pousses de bambou coupées en tranches
450 g de crevettes décortiquées
120 ml de bouillon de poulet
5 ml/1 cuillère à café de fécule de maïs (amidon de maïs)
5 ml/1 cuillère à café de sauce aux huîtres
2,5 ml/½ cuillère à café de sucre
2,5 ml/½ cuillère à café de racine de gingembre râpée
Pincée de poivre fraîchement moulu

Faites chauffer l'huile et faites revenir le brocoli pendant 1 minute. Ajoutez les champignons et les pousses de bambou et faites revenir 2 minutes. Ajouter les crevettes et faire revenir 2 minutes. Mélanger le reste des ingrédients et incorporer au mélange de crevettes. Porter à ébullition en remuant, puis laisser mijoter 1 minute en remuant constamment.

Crevettes aux châtaignes d'eau

pour 4

60 ml/4 cuillères à soupe d'huile d'arachide (huile d'arachide)
1 gousse d'ail, hachée
1 tranche de racine de gingembre, hachée
450 g de crevettes décortiquées
30 ml/2 cuillères à soupe de vin de riz ou de xérès sec 225 g de châtaignes d'eau tranchées
30 ml/2 cuillères à soupe de sauce soja
15 ml/1 cuillère à soupe de fécule de maïs (amidon de maïs)
45 ml/3 cuillères à soupe d'eau

Faites chauffer l'huile et faites revenir l'ail et le gingembre jusqu'à ce qu'ils soient légèrement dorés. Ajouter les crevettes et faire revenir 1 minute. Ajouter le vin ou le xérès et bien mélanger. Ajoutez les châtaignes d'eau et faites revenir 5 minutes. Ajoutez les autres ingrédients et faites sauter pendant 2 minutes.

Wonton aux crevettes

pour 4

450 g de crevettes décortiquées et hachées
225 g de légumes mélangés, hachés
15 ml/1 cuillère à soupe de sauce soja
2,5 ml/½ cuillère à café de sel
quelques gouttes d'huile de sésame
40 peaux de wonton
Huile de friture

Mélangez les crevettes, les légumes, la sauce soja, le sel et l'huile de sésame.

Pour plier les wontons, tenez la peau dans la paume de votre main gauche et versez un peu de garniture au centre. Humidifiez les bords avec l'œuf et pliez la peau en triangle en scellant les bords. Humidifiez les coins avec l'œuf et tournez-les ensemble.

Faites chauffer l'huile et faites frire progressivement les wontons jusqu'à ce qu'ils soient dorés. Bien égoutter avant de servir.

Ormeau au poulet

pour 4

400 g d'ormeau en conserve
30 ml/2 cuillères à soupe d'huile d'arachide (huile d'arachide)
100 g de blanc de poulet coupé en dés
100 g de pousses de bambou coupées en tranches
250 ml / 8 fl oz / 1 tasse de bouillon de poisson
15 ml/1 cuillère à soupe de vin de riz ou de xérès sec
5 ml/1 cuillère à café de sucre
2,5 ml/¬Ω cuillère à café de sel
15 ml/1 cuillère à soupe de fécule de maïs (amidon de maïs)
45 ml/3 cuillères à soupe d'eau

Égoutter et trancher l'ormeau en réservant le jus. Faites chauffer l'huile et faites frire le poulet jusqu'à ce qu'il soit légèrement coloré. Ajouter l'ormeau et les pousses de bambou et faire sauter pendant 1 minute. Ajouter le liquide d'ormeau, le bouillon, le vin ou le xérès, le sucre et le sel, porter à ébullition et laisser mijoter 2 minutes. Mélangez la semoule de maïs et l'eau pour obtenir une pâte et laissez mijoter en remuant jusqu'à ce que la sauce devienne légère et épaississe. Sers immédiatement.

Ormeau aux asperges

pour 4

10 champignons chinois séchés
30 ml/2 cuillères à soupe d'huile d'arachide (huile d'arachide)
15 ml/1 cuillère à soupe d'eau
225 grammes d'asperges
2,5 ml/½ cuillère à café de sauce de poisson
15 ml/1 cuillère à soupe de fécule de maïs (amidon de maïs)
8 onces d'ormeau en conserve, tranché
60 ml/4 cuillères à soupe de bouillon
½ petite carotte, tranchée
5 ml/1 cuillère à café de sauce soja
5 ml/1 cuillère à café de sauce aux huîtres
5 ml/1 cuillère à café de vin de riz ou de xérès sec

Faites tremper les champignons dans l'eau tiède pendant 30 minutes puis égouttez-les. Jetez les tiges. Faites chauffer 15 ml/1 cuillère à soupe d'huile avec de l'eau et faites revenir les chapeaux de champignons pendant 10 minutes. Pendant ce temps, faites cuire les asperges dans l'eau bouillante avec la sauce de poisson et 5 ml/1 cuillère à café de fécule de maïs jusqu'à ce qu'elles soient tendres. Bien égoutter et disposer sur une assiette de service préchauffée avec les champignons. Gardez-les au chaud. Faites chauffer le reste de l'huile et faites revenir les ormeaux pendant quelques secondes, puis ajoutez le bouillon, la carotte, la sauce soja, la sauce aux huîtres, le vin ou le xérès et le reste de la fécule de maïs. Cuire 5 minutes jusqu'à ce que les asperges soient bien cuites, puis ajouter les asperges dessus et servir.

Ormeau aux champignons

pour 4

6 champignons chinois séchés
400 g d'ormeau en conserve
45 ml/3 cuillères à soupe d'huile d'arachide (huile d'arachide)
2,5 ml/¬Ω cuillère à café de sel
15 ml/1 cuillère à soupe de vin de riz ou de xérès sec
3 oignons nouveaux (oignons verts), tranchés épaissement

Faites tremper les champignons dans l'eau tiède pendant 30 minutes puis égouttez-les. Jetez les tiges et coupez les chapeaux. Égoutter et trancher l'ormeau en réservant le jus. Faites chauffer l'huile et faites revenir le sel et les champignons pendant 2 minutes. Ajouter le liquide d'ormeau et le sherry, porter à ébullition, couvrir et laisser mijoter 3 minutes. Ajouter les ormeaux et les oignons nouveaux et laisser mijoter jusqu'à ce qu'ils soient bien chauds. Sers immédiatement.

Ormeau à la sauce d'huître

pour 4

400 g d'ormeau en conserve
15 ml/1 cuillère à soupe de fécule de maïs (amidon de maïs)
15 ml/1 cuillère à soupe de sauce soja
45 ml/3 cuillères à soupe de sauce aux huîtres
30 ml/2 cuillères à soupe d'huile d'arachide (huile d'arachide)
50 g de jambon fumé haché

Égoutter la boîte d'ormeau en réservant 90 ml/6 cuillères à soupe de liquide. Mélangez-le avec de la fécule de maïs, de la sauce soja et de la sauce aux huîtres. Faites chauffer l'huile et faites revenir les ormeaux égouttés pendant 1 minute. Incorporer le mélange de sauce et laisser mijoter, en remuant, jusqu'à ce que le tout soit bien chaud, environ 1 minute. Transférer dans un plat de service chaud et servir garni de jambon.

Moules à la vapeur

pour 4

24 coquilles

Nettoyez bien les moules et faites-les tremper dans de l'eau salée pendant quelques heures. Rincer sous l'eau courante et déposer sur une plaque à pâtisserie plate. Placer sur une grille dans un cuiseur vapeur, couvrir et cuire à la vapeur dans l'eau bouillante pendant environ 10 minutes, jusqu'à ce que toutes les moules soient ouvertes. Jetez ceux qui restent fermés. Servir avec des sauces.

Moules aux germes de soja

pour 4

24 coquilles
15 ml/1 cuillère à soupe d'huile d'arachide (huile d'arachide)
150 g de pousses de soja
1 poivron vert, coupé en lanières
2 oignons nouveaux (oignons verts), hachés
15 ml/1 cuillère à soupe de vin de riz ou de xérès sec
Sel et poivre fraîchement moulu
2,5 ml/¬Ω cuillère à café d'huile de sésame
50 g de jambon fumé haché

Nettoyez bien les moules et faites-les tremper dans de l'eau salée pendant quelques heures. Rincer sous l'eau courante. Portez une casserole d'eau à ébullition, ajoutez les moules et laissez mijoter quelques minutes jusqu'à ce qu'elles s'ouvrent. Égouttez et jetez tout ce qui reste scellé. Retirez les moules des coquilles.

Faites chauffer l'huile et faites revenir les germes de soja pendant 1 minute. Ajouter les poivrons et les oignons nouveaux et faire revenir 2 minutes. Ajoutez du vin ou du xérès et assaisonnez de sel et de poivre. Faites chauffer, puis ajoutez les moules et remuez jusqu'à ce que le tout soit bien mélangé et bien chaud.

Transférer dans un plat de service chaud et servir saupoudré d'huile de sésame et de jambon.

Moules au gingembre et à l'ail

pour 4

24 coquilles
15 ml/1 cuillère à soupe d'huile d'arachide (huile d'arachide)
2 tranches de racine de gingembre, hachées
2 gousses d'ail, écrasées
15 ml/1 cuillère à soupe d'eau
5 ml/1 cuillère à café d'huile de sésame
Sel et poivre fraîchement moulu

Nettoyez bien les moules et faites-les tremper dans de l'eau salée pendant quelques heures. Rincer sous l'eau courante. Faites chauffer l'huile et faites revenir le gingembre et l'ail pendant 30 secondes. Ajouter les moules, l'eau et l'huile de sésame, couvrir et cuire jusqu'à ce que les moules s'ouvrent, environ 5 minutes. Jetez ceux qui restent fermés. Assaisonner légèrement de sel et de poivre et servir aussitôt.

Moules frites

pour 4

24 coquilles

60 ml/4 cuillères à soupe d'huile d'arachide (huile d'arachide)

4 gousses d'ail, émincées

1 oignon, haché

2,5 ml/¬Ω cuillère à café de sel

Nettoyez bien les moules et faites-les tremper dans de l'eau salée pendant quelques heures. Rincer sous l'eau courante puis sécher. Faites chauffer l'huile et faites revenir l'ail, l'oignon et le sel jusqu'à ce qu'ils soient tendres. Ajouter les moules, couvrir et faire revenir à feu doux jusqu'à ce que toutes les coquilles soient ouvertes, environ 5 minutes. Jetez ceux qui restent fermés. Faire frire doucement pendant encore une minute et badigeonner d'huile.

beignets de crabe

pour 4

225 g de germes de soja
60 ml/4 cuillères à soupe d'huile d'arachide (huile d'arachide)
100 g de pousses de bambou coupées en lanières
1 oignon, haché
225 g de chair de crabe, émiettée
4 œufs légèrement battus
15 ml/1 cuillère à soupe de fécule de maïs (amidon de maïs)
30 ml/2 cuillères à soupe de sauce soja
Sel et poivre fraîchement moulu

Blanchir les germes de soja dans l'eau bouillante pendant 4 minutes puis égoutter. Faites chauffer la moitié de l'huile et faites revenir les germes de soja, les pousses de bambou et les oignons jusqu'à ce qu'ils soient tendres. Retirer du feu et incorporer le reste des ingrédients sauf l'huile. Faites chauffer le reste de l'huile dans une poêle propre et faites revenir des cuillerées du mélange de chair de crabe pour faire des petits gâteaux. Faire frire des deux côtés jusqu'à ce qu'ils soient dorés, puis servir immédiatement.

pouding au crabe

pour 4

225 g de chair de crabe
5 oeufs battus
1 oignon nouveau (oignon vert), finement haché
250 ml / 8 fl oz / 1 tasse d'eau
5 ml/1 cuillère à café de sel
5 ml/1 cuillère à café d'huile de sésame

Mélangez bien tous les ingrédients. Placer dans un bol, couvrir et placer au bain-marie sur de l'eau chaude ou sur une grille vapeur. Cuire à la vapeur jusqu'à consistance d'une crème anglaise, 35 minutes, en remuant de temps en temps. Servir avec du riz.

Chair de crabe aux feuilles de Chine

pour 4

450 g de feuilles de Chine hachées
45 ml/3 cuillères à soupe d'huile végétale
2 oignons nouveaux (oignons verts), hachés
225 g de chair de crabe
15 ml/1 cuillère à soupe de sauce soja
15 ml/1 cuillère à soupe de vin de riz ou de xérès sec
5 ml/1 cuillère à café de sel

Blanchir les feuilles de chinois dans l'eau bouillante pendant 2 minutes, puis les égoutter soigneusement et les rincer à l'eau froide. Faites chauffer l'huile et faites revenir les oignons nouveaux jusqu'à ce qu'ils soient légèrement dorés. Ajoutez la chair de crabe et faites revenir 2 minutes. Ajoutez les feuilles de chinois et faites revenir 4 minutes. Ajoutez la sauce soja, le vin ou le xérès et le sel et mélangez bien. Ajouter le bouillon et la fécule de maïs, porter à ébullition et laisser mijoter en remuant pendant 2 minutes jusqu'à ce que la sauce soit légère et épaissie.

Crabe Foo Yung aux germes de soja

pour 4

6 oeufs battus
45 ml/3 cuillères à soupe de fécule de maïs (amidon de maïs)
225 g de chair de crabe
100 grammes de pousses de soja
2 oignons nouveaux (oignons verts), finement hachés
2,5 ml/¬Ω cuillère à café de sel
45 ml/3 cuillères à soupe d'huile d'arachide (huile d'arachide)

Battez les œufs puis ajoutez la fécule de maïs. Mélangez les autres ingrédients sauf l'huile. Faites chauffer l'huile et versez progressivement le mélange dans la poêle pour obtenir des petites crêpes d'environ 7,5 cm de diamètre. Faites frire jusqu'à ce que le dessous soit doré, puis retournez et saisissez l'autre côté.

Crabes au gingembre

pour 4

15 ml/1 cuillère à soupe d'huile d'arachide (huile d'arachide)
2 tranches de racine de gingembre, hachées
4 oignons nouveaux (oignons verts), hachés
3 gousses d'ail écrasées
1 piment rouge, haché
350 g de chair de crabe émiettée
2,5 ml/¬Ω cuillère à café de pâte de poisson
2,5 ml/¬Ω cuillère à café d'huile de sésame
15 ml/1 cuillère à soupe de vin de riz ou de xérès sec
5 ml/1 cuillère à café de fécule de maïs (amidon de maïs)
15 ml/1 cuillère à soupe d'eau

Faites chauffer l'huile et faites revenir le gingembre, les oignons nouveaux, l'ail et le piment pendant 2 minutes. Ajouter la chair de crabe et remuer jusqu'à ce qu'elle soit bien enrobée d'épices. Mélangez la pâte de poisson. Mélangez le reste des ingrédients pour obtenir une pâte, puis ajoutez-les à la poêle et faites sauter pendant 1 minute. Sers immédiatement.

Lo Mein au crabe

pour 4

100 grammes de pousses de soja
30 ml/2 cuillères à soupe d'huile d'arachide (huile d'arachide)
5 ml/1 cuillère à café de sel
1 oignon, tranché
100 g de champignons tranchés
225 g de chair de crabe, émiettée
100 g de pousses de bambou coupées en tranches
Tagliatelles tournées
30 ml/2 cuillères à soupe de sauce soja
5 ml/1 cuillère à café de sucre
5 ml/1 cuillère à café d'huile de sésame
Sel et poivre fraîchement moulu

Blanchir les germes de soja dans l'eau bouillante pendant 5 minutes puis égoutter. Faites chauffer l'huile et faites revenir le sel et l'oignon jusqu'à ce qu'ils soient tendres. Ajouter les champignons et faire revenir jusqu'à ce qu'ils soient tendres. Ajoutez la chair de crabe et faites revenir 2 minutes. Ajoutez les germes de soja et les pousses de bambou et faites revenir 1 minute. Ajoutez les pâtes égouttées dans la poêle et mélangez délicatement. Mélangez la sauce soja, le sucre et l'huile de sésame et assaisonnez de sel et de poivre. Incorporer la poêle jusqu'à ce qu'elle soit bien chaude.

Crabes frits au porc

pour 4

30 ml/2 cuillères à soupe d'huile d'arachide (huile d'arachide)
100 g de porc haché (haché).
350 g de chair de crabe émiettée
2 tranches de racine de gingembre, hachées
2 œufs légèrement battus
15 ml/1 cuillère à soupe de sauce soja
15 ml/1 cuillère à soupe de vin de riz ou de xérès sec
30 ml/2 cuillères à soupe d'eau
Sel et poivre fraîchement moulu
4 oignons nouveaux (oignons nouveaux), coupés en lanières

Faites chauffer l'huile et faites dorer le porc jusqu'à ce qu'il soit légèrement coloré. Ajoutez la chair de crabe et le gingembre et faites sauter pendant 1 minute. mélanger les œufs. Ajouter la sauce soja, le vin ou le xérès, l'eau, le sel et le poivre et laisser mijoter en remuant pendant environ 4 minutes. Servir garni d'oignons nouveaux.

Chair de crabe frite

pour 4

30 ml/2 cuillères à soupe d'huile d'arachide (huile d'arachide)
450 g de chair de crabe émiettée
2 oignons nouveaux (oignons verts), hachés
2 tranches de racine de gingembre, hachées
30 ml/2 cuillères à soupe de sauce soja
30 ml/2 cuillères à soupe de vin de riz ou de xérès sec
2,5 ml/½ cuillère à café de sel
15 ml/1 cuillère à soupe de fécule de maïs (amidon de maïs)
60 ml/4 cuillères à soupe d'eau

Faites chauffer l'huile et faites revenir la chair de crabe, les oignons nouveaux et le gingembre pendant 1 minute. Ajoutez la sauce soja, le vin ou le xérès et le sel, couvrez et laissez mijoter 3 minutes. Mélangez la fécule de maïs et l'eau pour obtenir une pâte, mélangez dans la casserole et laissez mijoter en remuant jusqu'à ce que la sauce devienne légère et épaississe.

Boulettes de calamars frits

pour 4

450 grammes de calamars
50 g de saindoux mixé
1 blanc d'oeuf
2,5 ml/½ cuillère à café de sucre
2,5 ml/½ cuillère à café de fécule de maïs (amidon de maïs)
Sel et poivre fraîchement moulu
Huile de friture

Nettoyez les calamars et écrasez-les ou réduisez-les en purée. Mélanger avec le saindoux, les blancs d'œufs, le sucre et la fécule de maïs et assaisonner de sel et de poivre. Pressez le mélange en petites boules. Faites chauffer l'huile et faites frire les boules de calamars, par lots si nécessaire, jusqu'à ce qu'elles flottent dans l'huile et deviennent dorées. Bien égoutter et servir immédiatement.

Homard cantonais

pour 4

2 homards
30 ml/2 cuillères à soupe d'huile
15 ml/1 cuillère à soupe de sauce aux haricots noirs
1 gousse d'ail, écrasée
1 oignon, haché
225 g de porc haché (haché).
45 ml/3 cuillères à soupe de sauce soja
5 ml/1 cuillère à café de sucre
Sel et poivre fraîchement moulu
15 ml/1 cuillère à soupe de fécule de maïs (amidon de maïs)
75 ml/5 cuillères à soupe d'eau
1 oeuf battu

Décortiquez les homards, retirez la pulpe et coupez-les en cubes de 2,5 cm. Faites chauffer l'huile et faites revenir la sauce aux haricots noirs, l'ail et l'oignon jusqu'à ce qu'ils soient dorés. Ajouter le porc et faire revenir jusqu'à ce qu'il soit doré. Ajoutez la sauce soja, le sucre, le sel, le poivre et le homard, couvrez et laissez mijoter environ 10 minutes. Mélangez la semoule de maïs et l'eau pour obtenir une pâte, mélangez dans la casserole et laissez mijoter en remuant jusqu'à ce que la sauce soit légère et épaisse. Avant de servir, éteignez le feu et incorporez l'œuf.

Homard frit

pour 4

450 g de chair de homard
30 ml/2 cuillères à soupe de sauce soja
5 ml/1 cuillère à café de sucre
1 oeuf battu
30 ml/3 cuillères à soupe de farine pure (tout usage).
Huile de friture

Coupez la chair de homard en cubes de 1 pouce et mélangez-la avec la sauce soja et le sucre. Laisser reposer 15 minutes, puis égoutter. Battez l'œuf et la farine, puis ajoutez le homard et mélangez bien. Faites chauffer l'huile et faites frire le homard jusqu'à ce qu'il soit doré. Égoutter sur du papier absorbant avant de servir.

Homard cuit à la vapeur et au jambon

pour 4

4 œufs légèrement battus
60 ml/4 cuillères à soupe d'eau
5 ml/1 cuillère à café de sel
15 ml/1 cuillère à soupe de sauce soja
450 g de chair de homard émiettée
15 ml/1 cuillère à soupe de jambon fumé haché
15 ml/1 cuillère à soupe de persil frais haché

Battez les œufs avec l'eau, le sel et la sauce soja. Transférer dans un bol allant au four et saupoudrer de chair de homard. Placer le bol sur une grille dans un cuiseur vapeur, couvrir et cuire à la vapeur jusqu'à ce que les œufs soient pris, 20 minutes. Servir garni de jambon et de persil.

Homard aux champignons

pour 4

450 g de chair de homard
15 ml/1 cuillère à soupe de fécule de maïs (amidon de maïs)
60 ml/4 cuillères à soupe d'eau
30 ml/2 cuillères à soupe d'huile d'arachide (huile d'arachide)
4 oignons nouveaux (oignons verts), tranchés épaissement
100 g de champignons tranchés
2,5 ml/½ cuillère à café de sel
1 gousse d'ail, écrasée
30 ml/2 cuillères à soupe de sauce soja
15 ml/1 cuillère à soupe de vin de riz ou de xérès sec

Coupez la chair du homard en cubes de 2,5 cm. Mélangez la fécule de maïs et l'eau pour obtenir une pâte et ajoutez les cubes de homard au mélange pour enrober. Faites chauffer la moitié de l'huile et faites frire les cubes de homard jusqu'à ce qu'ils soient légèrement dorés, puis retirez-les de la poêle. Faites chauffer le reste de l'huile et faites revenir les oignons nouveaux jusqu'à ce qu'ils soient légèrement dorés. Ajouter les champignons et faire revenir 3 minutes. Ajoutez le sel, l'ail, la sauce soja et le vin ou le xérès et faites sauter pendant 2 minutes. Remettre le homard dans la poêle et faire sauter jusqu'à ce qu'il soit bien chaud.

Queues de homard au porc

pour 4

3 champignons chinois séchés
4 queues de homard
60 ml/4 cuillères à soupe d'huile d'arachide (huile d'arachide)
100 g de porc haché (haché).
50 g de châtaignes d'eau hachées finement
Sel et poivre fraîchement moulu
2 gousses d'ail, écrasées
45 ml/3 cuillères à soupe de sauce soja
30 ml/2 cuillères à soupe de vin de riz ou de xérès sec
30 ml/2 cuillères à soupe de sauce aux haricots noirs
10 ml/2 cuillères à soupe de fécule de maïs (amidon de maïs)
120 ml/4 fl oz/¬Ω tasse d'eau

Faites tremper les champignons dans l'eau tiède pendant 30 minutes puis égouttez-les. Jetez les tiges et hachez les chapeaux. Coupez les queues de homard en deux dans le sens de la longueur. Retirez la chair des queues de homard et réservez les carapaces. Faites chauffer la moitié de l'huile et faites dorer le porc jusqu'à ce qu'il soit légèrement coloré. Retirer du feu et incorporer les champignons, la chair de homard, les châtaignes d'eau, le sel et le poivre. Remettez la viande dans les coquilles de homard et disposez-la sur un plat allant au four. Placer sur une grille dans un cuiseur vapeur, couvrir et cuire à la vapeur jusqu'à ce qu'il soit bien cuit, environ 20 minutes. Pendant ce temps, faites chauffer le reste de l'huile et faites revenir l'ail, la sauce soja, le vin ou le xérès et la sauce aux haricots noirs pendant 2 minutes. Mélangez la fécule de maïs et l'eau pour obtenir une pâte. Incorporez dans la casserole et laissez mijoter en remuant jusqu'à ce que la sauce épaississe. Disposez le homard sur une assiette de service préchauffée, versez dessus la sauce et servez aussitôt.

Homard Frit

pour 4

450 g de queues de homard
30 ml/2 cuillères à soupe d'huile d'arachide (huile d'arachide)
1 gousse d'ail, écrasée
2,5 ml/¬Ω cuillère à café de sel
350 g de pousses de soja
50 grammes de champignons
4 oignons nouveaux (oignons verts), tranchés épaissement
150 ml/¬° pt/beaucoup ¬Ω tasse de bouillon de poulet
15 ml/1 cuillère à soupe de fécule de maïs (amidon de maïs)

Portez une casserole d'eau à ébullition, ajoutez les queues de homard et laissez cuire 1 minute. Égoutter, laisser refroidir, retirer la peau et couper en tranches épaisses. Faites chauffer l'huile avec l'ail et le sel et faites revenir jusqu'à ce que l'ail soit légèrement doré. Ajoutez le homard et faites sauter pendant 1 minute. Ajouter les germes de soja et les champignons et faire sauter pendant 1 minute. Incorporer les oignons nouveaux. Ajouter la majeure partie du bouillon, porter à ébullition, couvrir et laisser mijoter 3 minutes. Mélanger la fécule de maïs avec le reste du bouillon, incorporer dans la casserole et laisser mijoter en remuant jusqu'à ce que la sauce devienne légère et épaississe.

nids de homard

pour 4

30 ml/2 cuillères à soupe d'huile d'arachide (huile d'arachide)
5 ml/1 cuillère à café de sel
1 oignon, tranché finement
100 g de champignons tranchés
100 g de pousses de bambou tranchées 225 g de chair de homard cuite
15 ml/1 cuillère à soupe de vin de riz ou de xérès sec
120 ml de bouillon de poulet
Pincée de poivre fraîchement moulu
10 ml/2 cuillères à café de fécule de maïs (amidon de maïs)
15 ml/1 cuillère à soupe d'eau
4 paniers de pâtes

Faites chauffer l'huile et faites revenir le sel et l'oignon jusqu'à ce qu'ils soient tendres. Ajoutez les champignons et les pousses de bambou et faites revenir 2 minutes. Ajouter la chair de homard, le vin ou le sherry et le bouillon, porter à ébullition, couvrir et laisser mijoter 2 minutes. Poivre. Mélangez la fécule de maïs et l'eau pour obtenir une pâte, mélangez dans la casserole et laissez mijoter en remuant jusqu'à ce que la sauce épaississe. Disposer les nids de nouilles sur un plat de service préchauffé et garnir d'un plat à homard.

Moules à la sauce aux haricots noirs

pour 4

45 ml/3 cuillères à soupe d'huile d'arachide (huile d'arachide)
2 gousses d'ail, écrasées
2 tranches de racine de gingembre, hachées
30 ml/2 cuillères à soupe de sauce aux haricots noirs
15 ml/1 cuillère à soupe de sauce soja
1,5 kg de moules lavées et décortiquées
2 oignons nouveaux (oignons verts), hachés

Faites chauffer l'huile et faites revenir l'ail et le gingembre pendant 30 secondes. Ajouter la sauce aux haricots noirs et la sauce soja et faire sauter pendant 10 secondes. Ajouter les moules, couvrir et cuire jusqu'à ce que les moules soient ouvertes, environ 6 minutes. Jetez ceux qui restent fermés. Transférer dans un bol de service préchauffé et servir parsemé d'oignons nouveaux.

Moules au gingembre

pour 4

45 ml/3 cuillères à soupe d'huile d'arachide (huile d'arachide)
2 gousses d'ail, écrasées
4 tranches de racine de gingembre, hachées
1,5 kg de moules lavées et décortiquées
45 ml/3 cuillères à soupe d'eau
15 ml/1 cuillère à soupe de sauce aux huîtres

Faites chauffer l'huile et faites revenir l'ail et le gingembre pendant 30 secondes. Ajouter les moules et l'eau, couvrir et cuire environ 6 minutes jusqu'à ce que les moules soient ouvertes. Jetez ceux qui restent fermés. Transférer dans un bol de service préchauffé et servir arrosé de sauce aux huîtres.

Moules à la vapeur

pour 4

1,5 kg de moules lavées et décortiquées
45 ml/3 cuillères à soupe de sauce soja
3 oignons nouveaux (oignons verts), finement hachés

Placez les moules sur une grille dans un cuiseur vapeur, couvrez et faites cuire à la vapeur dans l'eau bouillante pendant environ 10 minutes, jusqu'à ce que toutes les moules soient ouvertes. Jetez ceux qui restent fermés. Transférer dans un bol de service préchauffé et servir saupoudré de sauce soja et d'échalotes.

Huîtres frites

pour 4

24 huîtres écaillées
Sel et poivre fraîchement moulu
1 oeuf battu
50 g/2 oz/¬Ω tasse de farine pure (tout usage).
250 ml / 8 fl oz / 1 tasse d'eau
Huile de friture
4 oignons nouveaux (oignons verts), hachés

Saupoudrer les huîtres de sel et de poivre. Battre l'œuf avec la farine et l'eau jusqu'à obtenir une pâte et badigeonner les huîtres avec. Faites chauffer l'huile et faites frire les huîtres jusqu'à ce qu'elles soient dorées. Égoutter sur du papier absorbant et servir garni d'oignons nouveaux.

Huîtres au bacon

pour 4

175 g de lardons

24 huîtres écaillées

1 œuf légèrement battu

15 ml/1 cuillère à soupe d'eau

45 ml/3 cuillères à soupe d'huile d'arachide (huile d'arachide)

2 oignons, hachés

15 ml/1 cuillère à soupe de fécule de maïs (amidon de maïs)

15 ml/1 cuillère à soupe de sauce soja

90 ml/6 cuillères à soupe de bouillon de poulet

Coupez le bacon en petits morceaux et enroulez un morceau autour de chaque huître. Battez l'œuf avec l'eau, puis plongez les huîtres pour les enrober. Faites chauffer la moitié de l'huile et faites légèrement dorer les huîtres des deux côtés, puis retirez-les de la poêle et égouttez la graisse. Faites chauffer le reste de l'huile et faites revenir les oignons jusqu'à ce qu'ils soient tendres. Fouetter ensemble la semoule de maïs, la sauce soja et le bouillon pour obtenir une pâte, ajouter dans la poêle et laisser mijoter en remuant jusqu'à ce que la sauce devienne légère et épaississe. Versez sur les huîtres et servez aussitôt.

Huîtres frites au gingembre

pour 4

24 huîtres écaillées
2 tranches de racine de gingembre, hachées
30 ml/2 cuillères à soupe de sauce soja
15 ml/1 cuillère à soupe de vin de riz ou de xérès sec
4 oignons nouveaux (oignons nouveaux), coupés en lanières
100 grammes de bacon
1 oeuf
50 g/2 oz/¬Ω tasse de farine pure (tout usage).
Sel et poivre fraîchement moulu
Huile de friture
1 citron, coupé en quartiers

Placer les huîtres dans un bol avec le gingembre, la sauce soja et le vin ou le xérès et bien mélanger. Laisser agir 30 minutes. Déposez quelques lamelles d'oignons nouveaux sur chaque huître. Coupez le bacon en petits morceaux et enroulez un morceau autour de chaque huître. Battre l'œuf et la farine dans une pâte et assaisonner de sel et de poivre. Tremper les huîtres dans la pâte jusqu'à ce qu'elles soient bien enrobées. Faites chauffer l'huile et faites frire les huîtres jusqu'à ce qu'elles soient dorées. Servir garni de quartiers de citron.

Huîtres à la sauce aux haricots noirs

pour 4

350 g d'huîtres écaillées
120 ml/4 fl oz/¬Ω tasse d'huile d'arachide (huile d'arachide)
2 gousses d'ail, écrasées
3 oignons nouveaux (oignons verts), tranchés
15 ml/1 cuillère à soupe de sauce aux haricots noirs
30 ml/2 cuillères à soupe de sauce soja noire
15 ml/1 cuillère à soupe d'huile de sésame
Pincée de poudre de chili

Blanchissez les huîtres dans l'eau bouillante pendant 30 secondes, puis égouttez-les. Faites chauffer l'huile et faites revenir l'ail et les oignons nouveaux pendant 30 secondes. Ajouter la sauce aux haricots noirs, la sauce soja, l'huile de sésame et les huîtres et assaisonner de poudre de chili. Faire sauter jusqu'à ce qu'il soit chaud et servir immédiatement.

Coquilles Saint-Jacques aux pousses de bambou

pour 4

60 ml/4 cuillères à soupe d'huile d'arachide (huile d'arachide)
6 oignons nouveaux (oignons verts), hachés
225 g de champignons coupés en quartiers
15 ml/1 cuillère à soupe de sucre
450 g de coquilles Saint-Jacques décortiquées
2 tranches de racine de gingembre, hachées
225 g de pousses de bambou coupées en tranches
Sel et poivre fraîchement moulu
300 ml/¬Ω pt/1¬° tasse d'eau
30 ml/2 cuillères à soupe de vinaigre de vin
30 ml/2 cuillères à soupe de fécule de maïs (amidon de maïs)
150 ml/¬° pt/généreux ¬Ω verre d'eau
45 ml/3 cuillères à soupe de sauce soja

Faites chauffer l'huile et faites revenir les oignons nouveaux et les champignons pendant 2 minutes. Ajoutez le sucre, les Saint-Jacques, le gingembre, les pousses de bambou, salez et poivrez, couvrez et laissez cuire 5 minutes. Ajoutez l'eau et le vinaigre de vin, portez à ébullition, couvrez et laissez mijoter 5 minutes. Mélangez la semoule de maïs et l'eau pour obtenir une pâte, mélangez dans la casserole et laissez mijoter en remuant jusqu'à ce que la sauce épaississe. Assaisonner de sauce soja et servir.

Coquilles Saint-Jacques à l'oeuf

pour 4

45 ml/3 cuillères à soupe d'huile d'arachide (huile d'arachide)
350 g de Saint-Jacques décortiquées
25 g de jambon fumé haché
30 ml/2 cuillères à soupe de vin de riz ou de xérès sec
5 ml/1 cuillère à café de sucre
2,5 ml/¬Ω cuillère à café de sel
Pincée de poivre fraîchement moulu
2 œufs légèrement battus
15 ml/1 cuillère à soupe de sauce soja

Faites chauffer l'huile et faites revenir les pétoncles pendant 30 secondes. Ajouter le jambon et faire revenir 1 minute. Ajoutez le vin ou le xérès, le sucre, le sel et le poivre et faites sauter pendant 1 minute. Ajouter les œufs et mélanger délicatement à feu vif jusqu'à ce que les ingrédients soient bien enrobés d'œuf. Servir arrosé de sauce soja.

Pétoncles au brocoli

pour 4

350 g de Saint-Jacques tranchées
3 tranches de racine de gingembre, hachées
¬Ω petite carotte, tranchée
1 gousse d'ail, écrasée
45 ml/3 cuillères à soupe de farine pure (tout usage).
2,5 ml/¬Ω cuillère à café de bicarbonate de soude (levure chimique)
30 ml/2 cuillères à soupe d'huile d'arachide (huile d'arachide)
15 ml/1 cuillère à soupe d'eau
1 banane, tranchée
Huile de friture
275 g de brocoli
Sel-
5 ml/1 cuillère à café d'huile de sésame
2,5 ml/¬Ω cuillère à café de sauce chili
2,5 ml/¬Ω cuillère à café de vinaigre de vin
2,5 ml/¬Ω cuillère à café de concentré de tomate (pâte)

Mélanger les pétoncles avec le gingembre, la carotte et l'ail et réserver. Mélangez la farine, le bicarbonate de soude, 15 ml/1 cuillère à soupe d'huile et l'eau pour former une pâte et étalez-la sur les tranches de banane. Faites chauffer l'huile et faites frire la banane jusqu'à ce qu'elle soit dorée, puis égouttez-la et disposez-la sur une assiette de service préchauffée. Pendant ce temps, faites bouillir le brocoli dans de l'eau bouillante salée jusqu'à ce qu'il soit tendre, puis égouttez-le. Faites chauffer le reste de l'huile avec l'huile de sésame et faites revenir brièvement le brocoli, puis disposez-le sur l'assiette avec les bananes. Ajouter la sauce chili, le vinaigre de vin et la purée de tomates dans la poêle et faire revenir brièvement les pétoncles. Disposer sur une assiette de service et servir aussitôt.

Coquilles Saint-Jacques au gingembre

pour 4

45 ml/3 cuillères à soupe d'huile d'arachide (huile d'arachide)
2,5 ml/¬Ω cuillère à café de sel
3 tranches de racine de gingembre, hachées
2 oignons nouveaux (oignons verts), tranchés épaissement
450 g de Saint-Jacques décortiquées, coupées en deux
15 ml/1 cuillère à soupe de fécule de maïs (amidon de maïs)
60 ml/4 cuillères à soupe d'eau

Faites chauffer l'huile et faites frire le sel et le gingembre pendant 30 secondes. Ajoutez les oignons nouveaux et faites-les revenir légèrement en remuant. Ajouter les pétoncles et faire sauter pendant 3 minutes. Mélangez la fécule de maïs et l'eau pour obtenir une pâte, ajoutez-la à la poêle et laissez mijoter en remuant jusqu'à épaississement. Sers immédiatement.

Coquilles Saint-Jacques au jambon

pour 4

450 g de Saint-Jacques décortiquées, coupées en deux
250 ml/8 fl oz/1 tasse de vin de riz ou de xérès sec
1 oignon, finement haché
2 tranches de racine de gingembre, hachées
2,5 ml/¬Ω cuillère à café de sel
100 g de jambon fumé haché

Placez les pétoncles dans un bol et ajoutez le vin ou le xérès. Couvrir et laisser mariner 30 minutes en les retournant de temps en temps, puis égoutter les Saint-Jacques et jeter la marinade. Disposez les Saint-Jacques dans un plat allant au four avec les autres ingrédients. Placez le plat sur une grille dans un cuiseur vapeur, couvrez et faites cuire à la vapeur sur de l'eau bouillante jusqu'à ce que les pétoncles soient tendres, environ 6 minutes.

Coquilles Saint-Jacques, œufs brouillés aux herbes

pour 4

225 g de Saint-Jacques décortiquées
30 ml/2 cuillères à soupe de coriandre fraîche hachée
4 oeufs battus
15 ml/1 cuillère à soupe de vin de riz ou de xérès sec
Sel et poivre fraîchement moulu
15 ml/1 cuillère à soupe d'huile d'arachide (huile d'arachide)

Placer les pétoncles dans un cuiseur vapeur et cuire jusqu'à ce qu'ils soient tendres, environ 3 minutes, selon la taille. Retirer du cuiseur vapeur et saupoudrer de coriandre. Battez les œufs avec le vin ou le xérès et assaisonnez de sel et de poivre. Incorporer les pétoncles et la coriandre. Faites chauffer l'huile et faites frire le mélange d'œufs et de pétoncles, en remuant constamment, jusqu'à ce que les œufs soient pris. Sers immédiatement.

Coquilles Saint-Jacques et oignons sautés à la poêle

pour 4

45 ml/3 cuillères à soupe d'huile d'arachide (huile d'arachide)
1 oignon, tranché
450 g de Saint-Jacques décortiquées, coupées en quartiers
Sel et poivre fraîchement moulu
15 ml/1 cuillère à soupe de vin de riz ou de xérès sec

Faites chauffer l'huile et faites revenir l'oignon jusqu'à ce qu'il soit tendre. Ajouter les pétoncles et faire sauter jusqu'à ce qu'ils soient légèrement dorés. Assaisonner de sel et de poivre, arroser de vin ou de xérès et servir immédiatement.

Coquilles Saint-Jacques aux légumes

Pour 4 à 6 personnes

4 champignons chinois séchés

2 oignons

30 ml/2 cuillères à soupe d'huile d'arachide (huile d'arachide)

3 branches de céleri, coupées en diagonale

225 g de haricots verts coupés en diagonale

10 ml/2 cuillères à café de racine de gingembre râpée

1 gousse d'ail, écrasée

20 ml/4 cuillères à café de fécule de maïs (amidon de maïs)

250 ml / 1 tasse de bouillon de poulet

30 ml/2 cuillères à soupe de vin de riz ou de xérès sec

30 ml/2 cuillères à soupe de sauce soja

450 g de Saint-Jacques décortiquées, coupées en quartiers

6 oignons nouveaux (oignons nouveaux), tranchés

425 g d'épis de maïs en conserve

Faites tremper les champignons dans l'eau tiède pendant 30 minutes puis égouttez-les. Jetez les tiges et coupez les chapeaux. Coupez les oignons en quartiers et séparez les couches. Faites chauffer l'huile et faites revenir l'oignon, le céleri, les haricots, le gingembre et l'ail pendant 3 minutes. Mélangez la fécule de maïs avec un peu de bouillon, puis ajoutez le reste de bouillon, le vin ou le xérès et la sauce soja. Versez dans le wok et portez à ébullition en remuant. Ajouter les champignons, les pétoncles, les oignons verts et le maïs et faire sauter jusqu'à ce que les pétoncles soient tendres, environ 5 minutes.

Coquilles Saint-Jacques aux poivrons

pour 4

30 ml/2 cuillères à soupe d'huile d'arachide (huile d'arachide)
3 oignons nouveaux (oignons verts), hachés
1 gousse d'ail, écrasée
2 tranches de racine de gingembre, hachées
2 poivrons rouges, coupés en dés
450 g de coquilles Saint-Jacques décortiquées
30 ml/2 cuillères à soupe de vin de riz ou de xérès sec
15 ml/1 cuillère à soupe de sauce soja
15 ml/1 cuillère à soupe de sauce aux haricots jaunes
5 ml/1 cuillère à café de sucre
5 ml/1 cuillère à café d'huile de sésame

Faites chauffer l'huile et faites revenir les oignons nouveaux, l'ail et le gingembre pendant 30 secondes. Ajouter les poivrons et faire revenir 1 minute. Ajouter les pétoncles et faire sauter pendant 30 secondes, puis ajouter le reste des ingrédients et cuire jusqu'à ce que les pétoncles soient tendres, environ 3 minutes.

Calamars aux germes de soja

pour 4

450 grammes de calamars

30 ml/2 cuillères à soupe d'huile d'arachide (huile d'arachide)

15 ml/1 cuillère à soupe de vin de riz ou de xérès sec

100 grammes de pousses de soja

15 ml/1 cuillère à soupe de sauce soja

Sel-

1 piment rouge, haché

2 tranches de racine de gingembre, hachées

2 oignons nouveaux (oignons nouveaux), râpés

Retirez la tête, les boyaux et la membrane des calamars et coupez-les en gros morceaux. Découpez un motif entrecroisé sur chaque pièce. Portez l'eau à ébullition dans une casserole, ajoutez les calamars et laissez mijoter jusqu'à ce que les morceaux s'enroulent, puis retirez-les et égouttez-les. Faites chauffer la moitié de l'huile et faites revenir brièvement les calamars. Assaisonner avec du vin ou du xérès. Pendant ce temps, faites chauffer le reste de l'huile et faites dorer brièvement les germes de soja. Assaisonner au goût avec de la sauce soja et du sel. Disposez le piment, le gingembre et les oignons nouveaux sur une assiette de service. Empilez les germes de soja au centre et garnissez de calamars. Sers immédiatement.

Calamar frit

pour 4

50 g de farine nature (tout usage).
25 g/1 oz/¬° tasse de fécule de maïs (amidon de maïs)
2,5 ml/¬Ω cuillère à café de bicarbonate de soude
2,5 ml/¬Ω cuillère à café de sel
1 oeuf
75 ml/5 cuillères à soupe d'eau
15 ml/1 cuillère à soupe d'huile d'arachide (huile d'arachide)
450 g de calamars coupés en rondelles
Huile de friture

Mélangez la farine, la fécule de maïs, la levure, le sel, l'œuf, l'eau et l'huile jusqu'à obtenir une pâte. Trempez les calamars dans la pâte jusqu'à ce qu'ils soient bien enrobés. Faites chauffer l'huile et faites revenir progressivement les calamars jusqu'à ce qu'ils soient dorés. Égoutter sur du papier absorbant avant de servir.

Paquets de calamars

pour 4

8 champignons chinois séchés
450 grammes de calamars
100 grammes de jambon cuit
100 grammes de tofu
1 oeuf battu
15 ml/1 cuillère à soupe de farine pure (tout usage).
2,5 ml/¬Ω cuillère à café de sucre
2,5 ml/¬Ω cuillère à café d'huile de sésame
Sel et poivre fraîchement moulu
8 peaux de wonton
Huile de friture

Faites tremper les champignons dans l'eau tiède pendant 30 minutes puis égouttez-les. Jetez les tiges. Nettoyez les calamars et coupez-les en 8 morceaux. Coupez le jambon et le tofu en 8 morceaux. Placez-les tous dans un bol. Mélangez l'œuf avec la farine, le sucre, l'huile de sésame, le sel et le poivre. Mettez les ingrédients dans le bol et mélangez délicatement. Disposez un chapeau de champignons et un morceau de calamar, de jambon et de tofu directement sous le centre de chaque peau de wonton.

Pliez le coin inférieur, pliez les côtés et enroulez. Faites chauffer l'huile et faites frire les parcelles jusqu'à ce qu'elles soient dorées, environ 8 minutes. Bien égoutter avant de servir.

Rouleaux de calamars frits

pour 4

45 ml/3 cuillères à soupe d'huile d'arachide (huile d'arachide)
225 g de rondelles de calamar
1 gros poivron vert, haché
100 g de pousses de bambou coupées en tranches
2 oignons nouveaux (oignons verts), finement hachés
1 tranche de racine de gingembre, hachée finement
45 ml/2 cuillères à soupe de sauce soja
30 ml/2 cuillères à soupe de vin de riz ou de xérès sec
15 ml/1 cuillère à soupe de fécule de maïs (amidon de maïs)
15 ml/1 cuillère à soupe de bouillon de poisson ou d'eau
5 ml/1 cuillère à café de sucre
5 ml/1 cuillère à café de vinaigre de vin
5 ml/1 cuillère à café d'huile de sésame
Sel et poivre fraîchement moulu

Faites chauffer 15 ml/1 cuillère à soupe d'huile et faites revenir les rondelles de calamar jusqu'à ce qu'elles soient épaisses. Pendant ce temps, faites chauffer le reste de l'huile dans une poêle à part et faites revenir les poivrons, les pousses de bambou, les oignons nouveaux et le gingembre pendant 2 minutes. Ajouter les calamars et faire revenir 1 minute. Incorporer la sauce soja, le vin ou le xérès, la fécule de maïs, le bouillon, le sucre, le vinaigre de vin et l'huile de sésame et assaisonner de sel et de poivre. Faire frire en remuant jusqu'à ce que la sauce devienne légère et épaississe.

Poêle de calamars

pour 4

45 ml/3 cuillères à soupe d'huile d'arachide (huile d'arachide)
3 oignons nouveaux (oignons verts), tranchés épaissement
2 tranches de racine de gingembre, hachées
450 g de calamars coupés en morceaux
15 ml/1 cuillère à soupe de sauce soja
15 ml/1 cuillère à soupe de vin de riz ou de xérès sec
5 ml/1 cuillère à café de fécule de maïs (amidon de maïs)
15 ml/1 cuillère à soupe d'eau

Faites chauffer l'huile et faites revenir les oignons nouveaux et le gingembre jusqu'à ce qu'ils soient tendres. Ajouter les calamars et faire sauter jusqu'à ce qu'ils soient enrobés d'huile. Ajoutez la sauce soja et le vin ou le xérès, couvrez et laissez mijoter 2 minutes. Mélangez la semoule de maïs et l'eau pour obtenir une pâte, ajoutez-la à la poêle et laissez mijoter en remuant jusqu'à ce que la sauce épaississe et que les calamars soient tendres.

Calamars aux champignons séchés

pour 4

50 g de champignons chinois séchés
450 g de rondelles de calamar
45 ml/3 cuillères à soupe d'huile d'arachide (huile d'arachide)
45 ml/3 cuillères à soupe de sauce soja
2 oignons nouveaux (oignons verts), finement hachés
1 tranche de racine de gingembre, hachée
225 g de pousses de bambou coupées en lanières
30 ml/2 cuillères à soupe de fécule de maïs (amidon de maïs)
150 ml/¬° pt/beaucoup ¬Ω tasse de bouillon de poisson

Faites tremper les champignons dans l'eau tiède pendant 30 minutes puis égouttez-les. Jetez les tiges et coupez les chapeaux. Blanchir les rondelles de seiche quelques secondes dans l'eau bouillante. Faites chauffer l'huile, puis ajoutez les champignons, la sauce soja, les échalotes et le gingembre et faites revenir 2 minutes. Ajoutez les calamars et les pousses de bambou et faites revenir 2 minutes. Mélangez la fécule de maïs et le bouillon et mélangez dans la poêle. Laisser mijoter en remuant jusqu'à ce que la sauce devienne légère et épaississe.

Calamars aux légumes

pour 4

45 ml/3 cuillères à soupe d'huile d'arachide (huile d'arachide)

1 oignon, tranché

5 ml/1 cuillère à café de sel

450 g de calamars coupés en morceaux

100 g de pousses de bambou coupées en tranches

2 branches de céleri, coupées en diagonale

60 ml/4 cuillères à soupe de bouillon de poulet

5 ml/1 cuillère à café de sucre

100 g de pois mange-tout sucrés (petits pois)

5 ml/ 1 cuillère à café de fécule de maïs (amidon de maïs)

15 ml/1 cuillère à soupe d'eau

Faites chauffer l'huile et faites revenir l'oignon et le sel jusqu'à ce qu'ils soient légèrement dorés. Ajouter les calamars et faire revenir jusqu'à ce qu'ils soient recouverts d'huile. Ajoutez les pousses de bambou et le céleri et faites revenir 3 minutes. Ajouter le bouillon et le sucre, porter à ébullition, couvrir et laisser mijoter 3 minutes jusqu'à ce que les légumes soient juste tendres. Incorporer les pois de senteur. Mélangez la fécule de maïs et l'eau pour obtenir une pâte, mélangez dans la casserole et laissez mijoter en remuant jusqu'à ce que la sauce épaississe.

Bœuf braisé à l'anis

pour 4

30 ml/2 cuillères à soupe d'huile d'arachide (huile d'arachide)
450 g de steak de paleron
1 gousse d'ail, écrasée
45 ml/3 cuillères à soupe de sauce soja
15 ml/1 cuillère à soupe d'eau
15 ml/1 cuillère à soupe de vin de riz ou de xérès sec
5 ml/1 cuillère à café de sel
5 ml/1 cuillère à café de sucre
2 gousses d'anis étoilé

Faites chauffer l'huile et faites dorer la viande jusqu'à ce qu'elle soit dorée de tous les côtés. Ajouter le reste des ingrédients, porter à ébullition, couvrir et laisser mijoter environ 45 minutes, puis retourner la viande et ajouter un peu plus d'eau et de sauce soja si la viande est sèche. Laisser mijoter encore 45 minutes jusqu'à ce que la viande soit tendre. Déballez l'anis étoilé avant de servir.

Boeuf aux asperges

pour 4

450 g de croupe de bœuf coupée en dés
30 ml/2 cuillères à soupe de sauce soja
30 ml/2 cuillères à soupe de vin de riz ou de xérès sec
45 ml/3 cuillères à soupe de fécule de maïs (amidon de maïs)
45 ml/3 cuillères à soupe d'huile d'arachide (huile d'arachide)
5 ml/1 cuillère à café de sel
1 gousse d'ail, écrasée
350 g de pointes d'asperges
120 ml de bouillon de poulet
15 ml/1 cuillère à soupe de sauce soja

Placez le steak dans un bol. Mélangez la sauce soja, le vin ou le xérès et 30 ml/2 cuillères à soupe de fécule de maïs, versez sur le steak et mélangez bien. Laisser mariner 30 minutes. Faites chauffer l'huile avec le sel et l'ail et faites revenir jusqu'à ce que l'ail soit légèrement doré. Ajouter la viande et la marinade et faire revenir 4 minutes. Ajouter les asperges et faire revenir 2 minutes. Ajouter le bouillon et la sauce soja, porter à ébullition et laisser mijoter en remuant pendant 3 minutes jusqu'à ce que la viande soit tendre. Mélangez le reste de la fécule de maïs avec un peu plus d'eau ou de bouillon et incorporez-le à la sauce. Laisser mijoter quelques minutes en remuant jusqu'à ce que la sauce devienne légère et épaississe.

Boeuf aux pousses de bambou

pour 4

45 ml/3 cuillères à soupe d'huile d'arachide (huile d'arachide)
1 gousse d'ail, écrasée
1 oignon nouveau (oignon vert), haché
1 tranche de racine de gingembre, hachée
225 g de bœuf maigre coupé en lanières
100 grammes de pousses de bambou
45 ml/3 cuillères à soupe de sauce soja
15 ml/1 cuillère à soupe de vin de riz ou de xérès sec
5 ml/1 cuillère à café de fécule de maïs (amidon de maïs)

Faites chauffer l'huile et faites revenir l'ail, l'oignon nouveau et le gingembre jusqu'à ce qu'ils soient légèrement dorés. Ajouter le bœuf et faire revenir jusqu'à ce qu'il soit légèrement doré, 4 minutes. Ajoutez les pousses de bambou et faites revenir 3 minutes. Ajoutez la sauce soja, le vin ou le xérès et la fécule de maïs et faites sauter pendant 4 minutes.

Bœuf aux pousses de bambou et champignons

pour 4

225 g de bœuf maigre
45 ml/3 cuillères à soupe d'huile d'arachide (huile d'arachide)
1 tranche de racine de gingembre, hachée
100 g de pousses de bambou coupées en tranches
100 g de champignons tranchés
45 ml/3 cuillères à soupe de vin de riz ou de xérès sec
5 ml/1 cuillère à café de sucre
10 ml/2 cuillères à café de sauce soja
sel et poivre
120 ml/4 fl oz/¬Ω tasse de bouillon de bœuf
15 ml/1 cuillère à soupe de fécule de maïs (amidon de maïs)
30 ml/2 cuillères à soupe d'eau

Tranchez finement le bœuf contre le grain. Faites chauffer l'huile et faites revenir le gingembre pendant quelques secondes. Ajouter le bœuf et faire revenir jusqu'à ce qu'il soit doré. Ajoutez les pousses de bambou et les champignons et faites revenir 1 minute. Ajoutez le vin ou le xérès, le sucre et la sauce soja et assaisonnez de sel et de poivre. Incorporer le bouillon, porter à ébullition, couvrir et laisser mijoter 3 minutes. Mélanger la fécule de maïs et l'eau, incorporer dans la casserole et laisser mijoter en remuant jusqu'à ce que la sauce épaississe.

Ragoût de bœuf chinois

pour 4

45 ml/3 cuillères à soupe d'huile d'arachide (huile d'arachide)
900 g de steak de paleron
1 oignon nouveau (oignon nouveau écossé), tranché
1 gousse d'ail, hachée
1 tranche de racine de gingembre, hachée
60 ml/4 cuillères à soupe de sauce soja
30 ml/2 cuillères à soupe de vin de riz ou de xérès sec
5 ml/1 cuillère à café de sucre
5 ml/1 cuillère à café de sel
pincée de poivre
750 ml/1° points/3 tasses d'eau bouillante

Faites chauffer l'huile et faites dorer rapidement la viande de tous les côtés. Ajouter l'oignon nouveau, l'ail, le gingembre, la sauce soja, le vin ou le xérès, le sucre, le sel et le poivre. Faire bouillir, mélanger. Ajouter l'eau bouillante, porter à nouveau à ébullition en remuant, puis couvrir et laisser mijoter jusqu'à ce que la viande soit tendre, environ 2 heures.

Boeuf aux germes de soja

pour 4

450 g de bœuf maigre, tranché
1 blanc d'oeuf
30 ml/2 cuillères à soupe d'huile d'arachide (huile d'arachide)
15 ml/1 cuillère à soupe de fécule de maïs (amidon de maïs)
15 ml/1 cuillère à soupe de sauce soja
100 grammes de pousses de soja
25 g de chou mariné haché
1 piment rouge, haché
2 oignons nouveaux (oignons nouveaux), râpés
2 tranches de racine de gingembre, hachées
Sel-
5 ml/1 cuillère à café de sauce aux huîtres
5 ml/1 cuillère à café d'huile de sésame

Mélangez la viande avec les blancs d'œufs, la moitié de l'huile, la fécule de maïs et la sauce soja et laissez reposer 30 minutes. Blanchir les germes de soja dans l'eau bouillante jusqu'à ce qu'ils soient presque tendres, environ 8 minutes, puis égoutter. Faites chauffer le reste de l'huile et faites revenir la viande dans une poêle jusqu'à ce qu'elle soit légèrement dorée, puis retirez-la de la poêle. Ajouter la choucroute, le piment, le gingembre, le sel, la sauce d'huître et l'huile de sésame et faire sauter pendant 2 minutes. Ajouter les germes de soja et faire revenir pendant 2 minutes. Remettez la viande dans la poêle et saisissez-la jusqu'à ce qu'elle soit bien mélangée et bien chaude. Sers immédiatement.

Bœuf avec brocoli

pour 4

450 g de croupe de bœuf tranchée finement
30 ml/2 cuillères à soupe de fécule de maïs (amidon de maïs)
15 ml/1 cuillère à soupe de vin de riz ou de xérès sec
15 ml/1 cuillère à soupe de sauce soja
30 ml/2 cuillères à soupe d'huile d'arachide (huile d'arachide)
5 ml/1 cuillère à café de sel
1 gousse d'ail, écrasée
225 g de fleurons de brocoli
150 ml/¬° pt/beaucoup ¬Ω tasse de bouillon de bœuf

Placez le steak dans un bol. Mélangez 15 ml/1 cuillère à soupe de fécule de maïs avec du vin ou du xérès et de la sauce soja, incorporez à la viande et laissez mariner 30 minutes. Faites chauffer l'huile avec le sel et l'ail et faites revenir jusqu'à ce que l'ail soit légèrement doré. Ajouter le steak et la marinade et faire revenir 4 minutes. Ajouter le brocoli et faire sauter pendant 3 minutes. Ajouter le bouillon, porter à ébullition, couvrir et laisser mijoter pendant 5 minutes ou jusqu'à ce que le brocoli soit juste tendre mais toujours croquant. Mélangez le reste de fécule de maïs avec un peu d'eau et incorporez-le à la sauce. Laisser mijoter en remuant jusqu'à ce que la sauce devienne légère et épaississe.

Bœuf au sésame et brocoli

pour 4

150 g de bœuf maigre, tranché finement
2,5 ml/½ cuillère à café de sauce aux huîtres
5 ml/1 cuillère à café de fécule de maïs (amidon de maïs)
5 ml/1 cuillère à café de vinaigre de vin blanc
60 ml/4 cuillères à soupe d'huile d'arachide (huile d'arachide)
100 g de fleurons de brocoli
5 ml/1 cuillère à café de sauce de poisson
2,5 ml/½ cuillère à café de sauce soja
250 ml/8 fl oz/1 tasse de bouillon de bœuf
30 ml/2 cuillères à soupe de graines de sésame

Faites mariner la viande pendant 1 heure avec la sauce d'huîtres, 2,5 ml/1 cuillère à café de fécule de maïs, 2,5 ml/½ cuillère à café de vinaigre de vin et 15 ml/1 cuillère à soupe d'huile.

Pendant ce temps, faites chauffer 15 ml/1 cuillère à soupe d'huile, ajoutez le brocoli, 2,5 ml/½ cuillère à café de sauce de poisson, la sauce soja et le reste du vinaigre de vin et versez sur l'eau bouillante. Laisser mijoter jusqu'à tendreté, environ 10 minutes.

Faites chauffer 30 ml/2 cuillères à soupe d'huile dans une poêle séparée et faites revenir brièvement la viande jusqu'à ce qu'elle soit épaisse. Ajouter le bouillon, le reste de la semoule de maïs et la sauce de poisson, porter à ébullition, couvrir et laisser mijoter environ 10 minutes jusqu'à ce que la viande soit tendre. Égouttez le brocoli et disposez-le sur une assiette de service préchauffée. Couvrir de viande et saupoudrer généreusement de graines de sésame.

Bœuf grillé

pour 4

450 g de steak maigre, tranché
60 ml/4 cuillères à soupe de sauce soja
2 gousses d'ail, écrasées
5 ml/1 cuillère à café de sel
2,5 ml/¬Ω cuillère à café de poivre fraîchement moulu
10 ml/2 cuillères à café de sucre

Mélanger tous les ingrédients et laisser mariner 3 heures. Griller ou griller sur un gril chaud pendant environ 5 minutes de chaque côté.

boeuf cantonais

pour 4

30 ml/2 cuillères à soupe de fécule de maïs (amidon de maïs)
2 blancs d'œufs battus
450 g de steak coupé en lanières
Huile de friture
4 branches de céleri, tranchées
2 oignons, tranchés
60 ml/4 cuillères à soupe d'eau
20 ml/4 cuillères à café de sel
75 ml/5 cuillères à soupe de sauce soja
60 ml/4 cuillères à soupe de vin de riz ou de xérès sec
30 ml/2 cuillères à soupe de sucre
poivre fraîchement moulu

Mélangez la moitié de la fécule de maïs avec le blanc d'oeuf. Ajouter le steak et remuer pour bien enrober la viande de pâte. Faites chauffer l'huile et faites frire le steak jusqu'à ce qu'il soit doré. Retirer de la poêle et égoutter sur du papier absorbant. Faites chauffer 15 ml/1 cuillère à soupe d'huile et faites revenir le céleri et les oignons pendant 3 minutes. Ajouter la viande, l'eau, le sel, la sauce soja, le vin ou le xérès et le sucre et assaisonner de poivre. Porter à ébullition et laisser mijoter en remuant jusqu'à ce que la sauce épaississe.

Boeuf aux carottes

pour 4

30 ml/2 cuillères à soupe d'huile d'arachide (huile d'arachide)
450 g de bœuf maigre coupé en dés
2 oignons nouveaux (oignons verts), tranchés
2 gousses d'ail, écrasées
1 tranche de racine de gingembre, hachée
250 ml / 8 fl oz / 1 tasse de sauce soja
30 ml/2 cuillères à soupe de vin de riz ou de xérès sec
30 ml/2 cuillères à soupe de cassonade
5 ml/1 cuillère à café de sel
600 ml/1 pt/2 Ω tasses d'eau
4 carottes, coupées en diagonale

Faites chauffer l'huile et faites dorer la viande jusqu'à ce qu'elle soit légèrement dorée. Égoutter l'excès d'huile et faire revenir les oignons nouveaux, l'ail, le gingembre et les graines d'anis pendant 2 minutes. Ajoutez la sauce soja, le vin ou le xérès, le sucre et le sel et mélangez bien. Ajouter l'eau, porter à ébullition, couvrir et laisser mijoter 1 heure. Ajoutez les carottes, couvrez et laissez mijoter encore 30 minutes. Retirez le couvercle et laissez mijoter jusqu'à ce que la sauce ait réduit.

Boeuf aux noix de cajou

pour 4

60 ml/4 cuillères à soupe d'huile d'arachide (huile d'arachide)
450 g de croupe de bœuf tranchée finement
8 oignons nouveaux (oignons nouveaux), hachés
2 gousses d'ail, écrasées
1 tranche de racine de gingembre, hachée
75 g de noix de cajou grillées
120 ml/4 fl oz/¬Ω tasse d'eau
20 ml/4 cuillères à café de fécule de maïs (amidon de maïs)
20 ml/4 cuillères à café de sauce soja
5 ml/1 cuillère à café d'huile de sésame
5 ml/1 cuillère à café de sauce aux huîtres
5 ml/1 cuillère à café de sauce chili

Faites chauffer la moitié de l'huile et faites revenir la viande jusqu'à ce qu'elle soit légèrement dorée. Retirer de la poêle. Faites chauffer le reste de l'huile et faites revenir les oignons nouveaux, l'ail, le gingembre et les noix de cajou pendant 1 minute. Remettez la viande dans la poêle. Mélangez le reste des ingrédients et incorporez le mélange dans la poêle. Porter à ébullition et laisser mijoter en remuant jusqu'à ce que le mélange épaississe.

Casserole de bœuf lente

pour 4

30 ml/2 cuillères à soupe d'huile d'arachide (huile d'arachide)
450 g de bœuf braisé coupé en dés
3 tranches de racine de gingembre, hachées
3 carottes, tranchées
1 navet, coupé en dés
15 ml/1 cuillère à soupe de dattes noires dénoyautées
15 ml/1 cuillère à soupe de graines de lotus
30 ml/2 cuillères à soupe de purée de tomates (pâte)
10 ml/2 cuillères à soupe de sel
900 ml/1¬Ω points/3¬œ tasses de bouillon de bœuf
250 ml/8 fl oz/1 tasse de vin de riz ou de xérès sec

Faites chauffer l'huile dans une grande casserole ou une poêle allant au four et saisissez la viande jusqu'à ce qu'elle soit scellée de tous les côtés.

www.ingramcontent.com/pod-product-compliance
Lightning Source LLC
Chambersburg PA
CBHW070422120526
44590CB00014B/1501